核心素养导向的
智慧课堂

教学模式建构与实践研究

李子良——主编

广东高等教育出版社
Guangdong Higher Education Press
·广州·

图书在版编目（CIP）数据

核心素养导向的智慧课堂教学模式建构与实践研究/李子良主编. —广州：广东高等教育出版社，2024.6
ISBN 978 - 7 - 5361 - 7539 - 6

Ⅰ. ①核… Ⅱ. ①李… Ⅲ. ①课堂教学 - 多媒体教学 - 教学研究 Ⅳ. ①G424.21

中国国家版本馆 CIP 数据核字（2023）第 184220 号

HEXIN SUYANG DAOXIANG DE ZHIHUI KETANG JIAOXUE MOSHI
JIANGOU YU SHIJIAN YANJIU

出版发行	广东高等教育出版社
	地址：广州市天河区林和西横路
	邮政编码：510500　电话：（020）87553335
	http://www.gdgjs.com.cn
印　　刷	佛山家联印刷有限公司
开　　本	789 毫米 ×1 092 毫米　1/16
印　　张	11
字　　数	180 千
印　　数	2024 年 6 月第 1 版
版　　次	2024 年 6 月第 1 次印刷
定　　价	38.50 元

编 委 会

主　编：李子良

编　委：麦剑文　　庄小云　　谢致欣　　张明慧　　魏丹枫

　　　　黄曦雯　　郭庭光　　武四海　　吴　睿　　余一秀

　　　　谢　惠　　钟　菁　　谭宇斌　　朱少娇　　杨　斌

　　　　谢　敏　　陈舒容　　黄振南　　何穗春　　梁凯君

前　言

　　广东华侨中学是广东省国家级示范性普通高中、全国特色中学、广东省中华文化传承基地、华侨爱国主义教育基地、广州市第一批智慧校园实验校。学校于 1930 年由爱国华侨集资创立，是全省唯一以"广东"冠名的华侨中学。自建校伊始，学校便承载了万千华侨华人的梦想与寄托。学校一直秉承"以侨立校""以侨融外"的宗旨，形成了浓烈的"中侨交融""侨外联通"的校园文化氛围。2019 年，学校在广州市率先开设公办港澳子弟班，开启了"普通高中＋港澳子弟班＋国际课程班"三驾马车齐头并进的办学新格局。2022 年，广东华侨中学成为广东省普通高中新课程新教材实施省级示范校和广州市首批人工智能助推教师队伍建设试点校。

　　学校落实立德树人根本任务，启动新课程、新教材、新高考教学改革，倾力培养"基础厚实、勤于实践、勇于创新"的未来人才。立足学科核心素养和国家教育信息化 2.0 行动计划的战略需求，学校把人工智能、大数据等智能技术与深度教学融合，探索核心素养培养的智慧课堂新生态。广东华侨中学智慧课堂以"让学生获得美好的学习体验，培养基于厚实、勤于实践、勇于创新，有智慧、有社会责任感的创新人才"为目标，教学活动和教学评价设计体现了智能学习环境下"知识体系结构化""认知思维工具丰富化""交互活动协同化""资源推送个性化""评价反馈实时化"等特征。结合智慧课堂特征，学校构建了面向通用学科和具体学科的智慧课堂教学模式。本书为一线教师展现了广东华侨中学智慧课堂理论研究和实践成果，以期为中学开展智慧课堂教学提供参考。

本书写作的具体分工如下：全书由李子良担任主编，第一章由李子良、庄小云编写，第二章由谢致欣、张明慧、魏丹枫、黄曦雯编写，第三章由郭庭光、武四海、吴睿编写，第四章由余一秀、谢惠编写，第五章由钟菁、谭宇斌、朱少娇编写，第六章由杨斌、谢敏、陈舒容编写，第七章由庄小云、黄振南编写，第八章由何穗春、梁凯君编写。

广东华侨中学

2023 年 1 月

目　录

第一章
绪 论

一、问题提出

教育部在《关于全面深化课程改革落实立德树人根本任务的意见》中指出，核心素养是"学生适应终身发展和社会发展需要的必备品格和关键能力"①。具体来看，核心素养指个体在面对复杂的、不确定的现实生活情境时，能够综合运用（跨）学科知识和技能，进行提出问题、分析问题、解决问题、交流结果的综合性品质。② 培养具备核心素养的学习者，新技术、新理念赋能作用不容忽视。随着教育数字化升级、智能化转型，以大数据、云计算和移动互联网等为代表的新一代信息技术，和以深度学习、个性化学习、人本主义等为代表的新理论与课堂深度融合，催生具有智能化、精准化、个性化的智慧课堂③，成为推动基础教育教学改革，培养核心素养学习者的重要推动力量。

围绕"基础厚实、勤于实践、勇于创新"的培养目标，广东华侨中学深化教育教学改革和创新，以智慧型创新人才培养为目标，积极推进大数据和人工智能技术进课堂，深化核心素养导向智慧课堂教学的转型，助力学校适应新课程背景下的人才培养模式的转变。在实践中，项目组发现以下两大问题亟待解决：第一，围绕学校创新人才培养目标，如何转型智慧课堂使其更

---

① 教育部. 关于全面深化课程改革落实立德树人根本任务的意见 [EB/OL]. (2014 – 04 – 08) [2023 – 01 – 05]. http://www. moe. gov. cn/srcsite/A26/jcj _ kcjcgh/201404/t20140408 _ 167226. html.
② 余文森. 核心素养导向的课堂教学 [M]. 上海：上海教育出版社，2017.
③ 杨鑫，解月光，苟睿，等. 智慧课堂模型构建的实证研究 [J]. 中国电化教育，2020（9）：50 – 57.

具有立德树人的价值？核心素养导向的智慧课堂的内涵和特征是什么？第二，针对目前课堂存在的教学目标浅表化、教学内容碎片化问题，如何重构核心素养导向的智慧课堂教学模式？针对上述问题，项目组试图通过实践探索理清核心素养导向的智慧课堂内涵与特征，建构通用学科和面向具体学科的智慧课堂教学模式，以期为核心素养导向的智慧课堂教学提供参考。

二、建设理念与工作思路

（一）建设理念

学校智慧课堂建设结合办学理念和创新人才的培养目标，秉承"立德树人"根本任务，以变革传统的课堂教学与人才培训模式为初衷，探索愉快、高效、个性化、数字化新型课堂，使"因材施教""减负增效"理念落地，让学生获得美好的学习体验，培养基础厚实、勤础实践、勇于创新，有智慧、有社会责任感的创新人才。

（二）建设目标

将新课程新教材的理念、内容和要求全面落实到智慧课堂教学各个环节，探索新课程新教材背景下核心素养导向的智慧课堂教学，形成更为完善的，既有理论高度又有具体实践操作的科研成果，产出一批智慧课堂教学设计实践成果，并在全市、广东省乃至全国范围内进行推广和运用。

（三）工作思路

1. 初步探索阶段：加强硬件建设和师资培训，形成智慧课堂实践模型 1.0（2015 年 9 月—2018 年 12 月）

为探索愉快、高效、个性化、数字化新型课堂，在这一阶段，我们从软硬件建设和师资培训两方面加以实施，构建智慧课堂教学模式 1.0。软硬件方面，学校在广州市教育局的支持下共建设智慧课室 32 间。学校实施基于"教师专用智能终端＋学生专用智能终端＋云服务平台"的教学模式，供覆盖课前、课中、课后的全场景教学需求，引导教师"因材施教"，最终实现教与学的方式变革。师资培训方面，学校行政团队、骨干教师赴北京考察了清华附中、八一学校等国内多家顶尖的智慧课堂学校，进一步提升学校行政对智慧校园建设、应用的认识和理解，进一步提高智慧校园的规划能力、信息化环境下的学校管理能力、课程改革能力、教师专业发展能力。全体教师均参加了信息技术应用能力提升工程的培训。

标志性成果：

（1）形成智慧课堂教学模式 1.0，实现课前、课中、课后全过程教学应用的智能、高效智慧课堂。

（2）教师参加"一师一优课、一课一名师"活动，1 人获部级优课，1 人获省级优课，8 人获市级优课。

（3）以智学网大数据平台为核心建设校本资源库。

2. 专家引领，组建教学研共同体，依托省级项目推进智慧课堂，形成智慧课堂实践模型 2.0（2019 年 1—12 月）

2019 年 1 月，"'互联网＋教育'背景下中学智慧课堂教学模式研究"在广东省基础教育信息化融合创新示范培育推广项目立项。该项目立足于"互联网＋教育"的时代背景，重构课堂教学生态，开展学科智慧课堂教学模式的实践与探索，促进课堂三维目标高效达成。

标志性成果：

（1）发布论文 5 篇，教师案例多次在广东省强师工程培训班、高州市教育系统创新型领军人才培养对象省内交流学习提升培训班推广和示范。

（2）学科组通过课题开展智慧课堂研究，课题"智慧课堂背景下的高中数学微课应用研究"获广州市教育科学规划 2018 年度课题立项（立项编号 201811706，结题获评"优秀"等级）。

3. 聚焦核心素养，重构新课程改革智慧课堂新生态，形成智慧课堂实践模型 3.0（2020 年 1 月至今）

2020 年开始，学校启动新课程、新教材、新高考教学改革，课题"基于学科核心素养的中学课堂教学策略转型研究"获广州市教育科学"十三五"规划课题立项。2022 年，学校成为广东省普通高中新课程新教材实施市级示范校和广州市人工智能助推教师队伍建设试点学校。学校把"探索核心素养导向的智慧课堂"纳入三年工作规划，立足国家《国务院办公厅关于新时代推进普通高中育人方式改革的指导意见》《新一代人工智能发展规划》，学校深入研读学科核心素养，聚焦立德树人根本任务，重构新课程改革智慧课堂新生态，探索核心素养导向的智慧课堂转型（见图 1-1、表 1-1）。

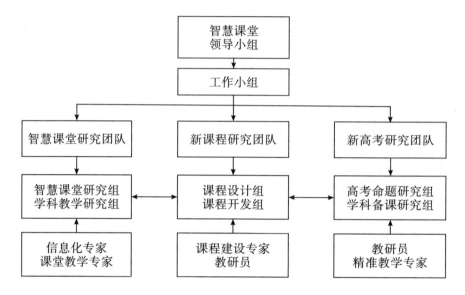

图 1-1　新课程新教材工作小组架构

表 1-1　核心素养导向的智慧课堂转型研究技术路径

阶段	具体内容	形式
理论学习	●高中新课标新标准新教材新高考全员培训 ●深度学习理论研究	专家讲座 文献研究
智慧课堂 理论重构	●探索基于深度学习的单元整体教学路径 ●重构核心素养导向的智慧课堂实践模型	一对一对话 文献研究 行动研究
案例研究	●完善基于精准教学大数据的平台和资源平台 ●学科组开展核心素养导向的智慧课堂案例实践 ●与清远市华侨中学、中山市华侨中学、汕头市华侨中学四校联合开展以"聚焦课堂教学，落实核心素养"为主题的教学交流活动	案例研究 同课异构
效果检验	检验形成智慧课堂实践模型3.0的科学性、操作性和有效性	问卷调查

标志性成果：

（1）广东省基础教育信息化融合创新示范培育推广项目"'互联网＋教育'背景下中学智慧课堂教学模式研究"（李子良主持）被广东省教育厅评为 2021 年广东省基础教育信息化融合创新示范培育推广项目建设成效"优秀"项目。

（2）2022 年，学校成为广东省普通高中新课程新教材实施示范校。

（3）2022 年，学校成为广州市人工智能助推教师队伍建设试点学校。

（4）学科组通过课题开展核心素养导向的智慧课堂研究，广州市教育科学"十三五"规划课题"基于学科核心素养的中学课堂教学策略转型研究"在 2022 年结题并获评"优秀"等级，"基于智慧课堂发展高中生数学建模素养的实践研究"获广州市教育科学规划 2020 年度课题立项。

（5）2022 年，广东省教育信息化教学应用实践共同体项目"基于人工智能学习的微课导学模式应用共同体"结题考核结果为"优秀"。

4. 示范引领作用与辐射推广

成立成果推广领导小组，探索建立示范辐射新机制，按照"引导—培育—提升—示范"的基本路径，联合高校专家及各种专业资源，到姐妹学校开展深度交流，指导姐妹学校、学科基地开展智慧课堂实践创新。同时，学校充分利用姐妹学校、广东省名师工作室和广州市名师工作室的优势，采取"校校联合"的方式，开展多层次、多类型教学研讨活动，搭建成果分享交流平台，提升成果的辐射引领作用。

三、核心素养导向的智慧课堂内涵与特征

（一）核心素养导向的智慧课堂内涵

智慧课堂内涵在总体上存在着两种视角的理解：一种是基于教育的视角，一种是基于技术的视角。本研究综合教育和技术两个视角，界定智慧课堂的内涵，分析智慧课堂的特征，为智慧课堂教学模式的学科化探索奠定基础。唐烨伟等学者围绕技术支持下的教学理念和方法的改革创新视角对智慧课堂进行定义，他们认为智慧课堂的智能化和数字化的特性可以有效提高学

生学习效率和获得良好课堂体验。① 陈婷认为智慧课堂是基于技术支持、理论指导、智慧理念、范围拓展、富媒体资源以及智慧生成的教与学模式。②

基于以上分析，核心素养导向的智慧课堂是以深度学习、个性化学习、人本主义等学习理论为指导，学生在核心素养导向学习目标的引领下，在大数据、人工智能等技术创设的智慧学习环境支持下，聚焦引领性学习主题，积极参与和全身心投入智慧教学活动，掌握可视化的学科知识与基本方法，综合运用知识和方法创造性地解决问题，获得美好的学习体验，从而培养智慧型人才的课堂。

核心素养导向的智慧课堂内涵包括五个方面：①深度学习、个性化学习、人本主义和混合学习是智慧课堂的理论依据。其中，深度学习是发展学生核心素养的基本途径，建构主义、人本主义和混合学习为开展智能环境下的教与学提供了科学依据。②学科知识是智慧课堂促进核心素养形成的重要载体。为了使学科知识具有核心素养的价值，我们需要选择学科大概念和本质，通过智能技术进行结构化和可视化处理，并赋予情境化。③学生是学习主体，他们在智慧学习环境下，积极参与和全身心投入到具有挑战性的学习活动中。④智慧教学活动是智慧课堂核心素养形成的主要路径。教学活动面向高级认知技能的获得，强调智能化媒体支持下的应用、分析、评价与创造。⑤智慧课堂以让学生获得美好的学习体验为根本，培养"有智慧、有社会责任感、具备创新精神和实践能力的创新人才"是智慧课堂教学目标，也是智慧课堂立德树人价值的体现。

（二）核心素养导向的智慧课堂特征

我们把中学学科划分为语文学科、数学学科、英语学科、自然学科（物理、化学和生物）、社会学科（历史、地理和政治）、技术学科（信息技术、通用技术）以及体艺学科（体育和艺术）七大学科类型。学科核心素养具有学科性，体现了学科个性，也有跨学科性，体现了学科共性。大数据具有巨量性、多样性、迅变性和价值性等特征，人工智能则呈现深度学习、跨界

---

① 唐烨伟，庞敬文，钟绍春，等. 信息技术环境下智慧课堂构建方法及案例研究［J］. 中国电化教育，2014（11）：23－29.

② 陈婷."互联网＋教育"背景下智慧课堂教学模式设计与应用研究［D］. 徐州：江苏师范大学，2017.

融合、人机协同、群智开放和自主智能的特点。基于大数据、人工智能的特点，结合学科核心素养的跨学科性，得出核心素养导向智慧课堂 5 个共性特征。

1. 知识体系最优化

学科知识是核心素养培养的重要载体①，结构化的学科知识有利于学生对学科方法的掌握以及思维的发展。核心素养导向的智慧课堂将通过多媒体技术和人工智能技术，以学科逻辑作为主线，在知识点之间建立联系，从而形成点、线、面结合的知识体系结构。值得一提的是，基于大数据技术支持下的知识图谱技术能围绕学科大概念对学科知识体系进行最优化处理，有利于学生构建学科知识图谱，深入挖掘个人学科薄弱点，发展学科思维，实现学科知识向学科核心素养的转换。

2. 认知工具丰富化

情境是知识转化为素养的基础。② 中学尤其是高中学科知识内容抽象而且繁多，学生难以理解和记忆。智慧学习环境为学生学习提供了丰富的操作简洁、体验美好的认知思维工具，如思维导图、流程图和概念图等，促进学生深度学习，指向高阶思维和核心素养培养。③ 尤其是在人工智能的推动下，媒体呈现智能化，即智媒化，有利于创设生活化的学习情境。智慧课堂能为学习者提供包含微课、电子文档、图形图片、语音视频、网页等丰富的媒体资源，并能够按照学生的需求进行智能化推送，这能激发学生高水平认知投入，有利于他们在活动中获得高级认知技能。

3. 交互活动协同化

核心素养是学生在交互活动中形成、发展和显现的，交互活动是智慧课堂核心素养形成的主要路径。智慧环境从硬件和软件上保证课堂交互活动协同化开展，激发学生的主观能动性，在保证学生获得美好活动体验的同时，实现学科育人价值。学生通过智能教学平台的问题链驱动以及任务群的引导协同完成任务，实现学科方法应用与创新。人机、师生、生生之间通过平台实现无障碍的沟通与交流，碰撞出更多的思维火花。

---

①② 余文森. 论学科核心素养形成的机制 [J]. 课程·教材·教法, 2018, 38 (1): 4-11.
③ 朱龙, 胡小勇. 面向问题解决能力的创客学习应用框架研究：基于四轮迭代实验和准实验的分析 [J]. 现代教育技术, 2021, 31 (12): 119-126.

4. 资源推送个性化

传统教学中，教师要耗费庞大的时间与精力，解答学生疑惑，这对有限的课堂时间而言是很大挑战，也忽略了不同层次学生的学习需求。而在大数据平台的支持下，教师可根据学生学习与测验的数据，从中筛选出学生在学习过程中遇到的难点，将教学难点进行汇总整理，最终围绕难点开展精准教学。值得一提的是，基于行为数据分析，教师对学生个体或群体的特点做精准把握，实现网络学习资源的个性化推送，开展个性化学科思想培养和价值观教育引导。

5. 评价反馈的实时化

学科核心素养具有整体性和进阶性，往往需要包含若干课时的单元学习才能实现一定的发展。从学生角度来看，大数据平台能实现教学评价即时反馈，不断纠正他们在课时学习中存在的问题，激励学生持续、高效地参与单元学习活动；从教师角度来看，通过实时教学评价数据反馈，教师能及时调整课堂教学行为和策略；从学校管理者角度来看，课堂实时监控平台能及时把诊断报告反馈给教育管理者，为全校开展高效课堂提供数据参考。

四、核心素养导向的智慧课堂教学模式构建

深度学习是培养学生核心素养、实现立德树人的重要路径。它是指在教师引领下，学生围绕具有挑战性的学习主题，全身心积极参与、体验成功、获得发展的有意义的学习过程。深度学习倡导单元教学和主动学习，有利于信息技术核心素养的进阶发展、高效培养和整体落实。学习单元是整体落实核心素养的基本学习单位，是目标、内容、活动、评价、环境的整合，是围绕某一学科主题组织起来的、具有学科逻辑内在关联的内容整体。指向深度学习的单元教学应凸显"学习目标"的素养导向性、"学习主题"的引领性与挑战性、"学习活动"的参与性与体验性、"学习评价"的持续性与伴随性。

在深度学习、建构主义、人本主义和混合学习理论指导下，结合文献述评、案例分析与实践观察，项目组构建了核心素养导向的通用智慧课堂教学模式（如图1-2所示）。

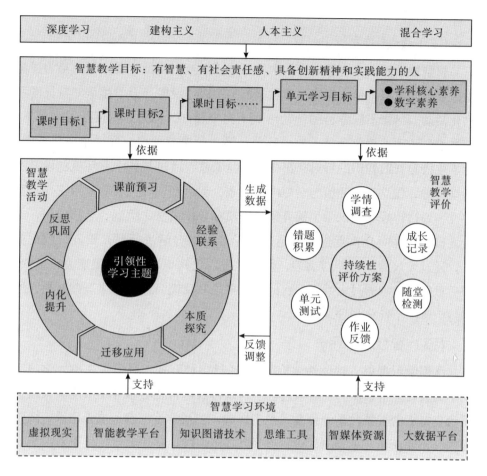

图 1-2 核心素养导向的通用智慧课堂教学模式

（一）智慧教学目标

智慧教学目标是"培养基础厚实、勤于实践、勇于创新，有智慧、有社会责任感的创新人才"。这体现了学校智慧课堂立德树人的育人理念，凸显了核心素养的整体性特征。深度学习倡导单元教学，有利于核心素养的整体落实。单元学习目标是指完成单元学习后，学生应该获得的学科核心素养的学习结果，是知识技能、过程与方法、情感态度与价值观的有机整合。单元学习目标是学生在达成每课时的学习目标后进阶发展的。智慧教学目标是设计智慧教学活动和实施智慧教学评价的制定依据。从智慧教育目标到单元学习目标，最终落实课时目标，这一过程体现了教育目标的系统性、层次性和实践性的有机统一。

（二）智慧教学活动

智慧教学活动是智慧课堂教学目标核心素养形成的主要路径，是为了学生达成单元学习目标，围绕引领性学习主题而创设的适合学生认知特征的系列化活动。尽管不同学科的活动形式不完全相同，但是在深度学习理念下，智慧教学活动一般包含以下六个环节：第一，课前预习，推送个性化资源，为学生搭建新旧知识的桥梁；第二，经验联系，通过智能学习环境创设真实活动情境，建立学生经验与学习内容联系，促进知识转为素养；第三，本质探究，通过智媒化促进学生探究学科本质和思维方法；第四，迁移应用，通过人机交互协同合作促进学生运用所学知识综合解决问题；第五，内化提升，通过大数据平台即时反馈，促进学生内化知识，形成关键能力；第六，课后巩固，教师通过大数据平台的作业推送和反馈，帮助学生查漏补缺，给予每个学生个性化指导。

（三）智慧教学评价

深度学习提倡"持续性评价"，即通过多种方式，对学生在单元学习活动中的表现进行诊断并及时改进教学，以检验学科核心素养达成度。大数据平台支持下的智慧教学评价方式是多样的，包括学情调查、成长记录、随堂检测、作业反馈、单元测试等，这些方式不但能让学生的学习留下数字化痕迹，并生成个人评价报告，积累错题等典型资源，实现学习的减负增效，还可以为教师改进教学提供可回溯的多维数据，促使教师不断优化课堂教学。

（四）智慧教学环境

智慧教学环境从硬件和软件上保证学生获得美好的学习体验。随着大数据和人工智能技术的发展，虚拟现实、知识图谱技术、思维工具、智能教学平台、智媒体资源和大数据平台等技术进入课堂，打破了学习时空上的限制，扩展了教学时空，有助于教师根据学习者学习数据进行更多个性化、差异化、智能化的教学。

根据通用智慧课堂教学模式，项目组对各学科核心素养个性进一步研究，探索面向不同学科和跨学科的智慧课堂教学模式，最终形成核心素养导向的学科智慧课堂教学模式。

第二章
核心素养导向的语文智慧课堂

第一节　基于核心素养培养的语文智慧课堂特征分析

　　语文学科核心素养是学生在积极的语言实践活动中积累与构建起来，并在真实的语言运用情境中表现出来的语言能力及其品质，是学生在语文学习中获得的语言知识与语言能力，思维方法与思维品质，情感、态度与价值观的综合体现。其中，高中语文核心素养包括"语言建构与运用""思维发展与提升""审美鉴赏与创造""文化传承与理解"四个方面（见图2-1）[①]。

语言建构与运用：指学生在丰富的语言实践中，通过主动的积累、梳理和整合，逐步掌握祖国语言文字特点及其运用规律，形成个体言语经验，发展在具体语言情境中正确有效地运用祖国语言文字进行交流沟通的能力	思维发展与提升：学生在语文学习过程中，通过语言运用，获得直觉思维、形象思维、逻辑思维、辩证思维和创造思维的发展，促进深刻性、敏捷性、灵活性、批判性和独创性等思维品质的提升
审美鉴赏与创造：学生在语文学习中，通过审美体验、评价等活动形成正确的审美意识、健康向上的审美情趣与鉴赏品位，并在此过程中逐步掌握表现美、创造美的方法	文化传承与理解：学生在语文学习中继承和弘扬中华优秀传统文化、革命文化、社会主义先进文化，理解和借鉴不同民族和地区的文化，拓展文化视野，增强文化自觉，提升中国特色社会主义文化自信，热爱祖国语言文字，热爱中华文化

图2-1　高中语文学科核心素养内涵图

[①]　中华人民共和国教育部. 普通高中语文课程标准（2017年版2020年修订）［S］. 北京：人民教育出版社，2020：4.

初中语文核心素养包括"文化自信""语言运用""思维能力""审美创造"四个方面（见图2-2）。

文化自信：文化自信是指学生认同中华文化，对中华文化的生命力有坚定信心

语言运用：包括语料积累、语感建构、语理习得、语言表现四个部分，最终指向是要引导学生能有对我国语言文字的深厚情感

初中语文核心素养

思维能力：学生在语文学习过程中的联想想象、分析比较、归纳判断等认知表现，主要包括直觉思维、形象思维、逻辑思维、辩证思维和创造思维

审美创造：学生通过感受、理解、欣赏、评价语言文字及作品，获得较为丰富的审美经验，具有初步的感受美、发现美和运用语言文字表现美、创造美的能力；涵养高雅情趣，具备健康的审美意识和正确的审美观念

图2-2 初中语文学科核心素养内涵图

在数字时代，核心素养导向的语文智慧课堂，将与时俱进地以信息技术为依托，搭建具有真实情境、最大化满足学生自主交互探究需要的学习平台，让学生习得符合其终身发展需要的语言、思维、审美与文化素养。

一、信息技术支持下的语言建构图谱化

学科知识是核心素养养成的主要载体，结构化的学科知识有利于学生掌握学科方法以及提高思维认知水平。基于大数据技术支持下的知识图谱技术，能把汉语的庞大体系（包括语法、修辞、逻辑等）建立起来，有利于学生对祖国语言的建构与运用。

例如，建立一个介绍汉语句子成分、辨析常见语病的动画程序，学生先宏观了解句子六大成分，然后点击每种成分的名称，可链接到对应的解释与例句，在例句中指向不同的词汇时，又可弹出相对应的句子成分帮助学生重

温、辨析；此动画还包含六大类型病句的内容，学生在了解每种病句的病因时，如有不明白，可以点击知识链接，回到某种句子成分的页面复习。与教师讲解相比，此信息化技术能把繁杂的知识归类、整合、区分，学生根据个人需要自主选择学习内容，能极大地帮助学生掌握语用规律，增加其语言运用经验。

二、媒体资源渗透下的文学审美体验直观化

语文是一门能带给学习者审美体验、具有情感感染力的学科。而智慧课堂为学习者提供包含微课、电子文档、图形图片、语音视频、网页等在内的丰富媒体资源，在智媒化的学习情境中，学生能沉浸式充分获得审美体验，感受文学画面之美、探究文章修辞之法、掌握文学写作表现美的技巧，审美鉴赏与创造素养随之得到一定提升。同时，智媒化的课堂还能激发学生高水平认知的投入，有利于他们在活动中获得高级认知技能，使形象思维得到进一步发展与提升。这符合新课标所要求的"在跨文化、跨媒介的语文实践中开阔视野，在更宽广的选择空间发展各自的语文特长和个性"①。

例如，在教授《桂枝香·金陵怀古》时，学生单凭文字难以领悟词作借古怀今的沧桑感，教师可先借助云平台上传关于南京历史介绍的纪录片，让学生感受六朝古都的千年文化底蕴，再借助智慧课堂中电子白板功能，投出月下金陵图片，让学生假想自己是王安石，看着澄净的江面与挺拔的山峰，让金陵古城风貌建构在学生脑海中，体会"残阳""西风"等意象构造起来的萧瑟而不衰飒的意境，引发学生怀古之情。然后请学生选择词中最能体现沧桑感的语句吟诵，录音上传，教师选出优秀吟诵作品发送到平台，其他学生跟读吟诵，感受作品的意蕴。②

---

① 中华人民共和国教育部. 普通高中语文课程标准（2017 年版 2020 年修订）［S］. 北京：人民教育出版社，2020：3.
② 陈礼兴. 聚焦语文核心素养，构建语文智慧型课堂［J］. 语文教学与研究，2021（8）：60 – 61.

三、智慧互联平台上的语言思维交互协同化

语文是一门语言类课程，学生通过语文课的学习，提升运用口头语和书面语文进行表达与交流的能力。在智慧课堂中，人机、师生、生生之间通过平台实现无障碍的沟通与交流，使得运用祖国语言文字的资源和实践机会无处不在，学生可以碰撞出更多的思维火花。学习活动是智慧课堂核心素养形成的主要路径，学生通过智能教学平台的问题链驱动以及任务群的引导协同完成任务，实现学科方法的应用与创新。

例如，通过网上论坛、微信群组等组织开放性的主题交流活动，结合课内文本进行拓展延伸，既丰富了教学内容，也增强了学习的趣味性。在线上平台，教师不需因为课堂时间的限制而仅允许少部分学生发言、无法仔细回应每位同学的想法，同学们能公平地参与课堂，通过主题交流的输出过程形成个体言语经验，发展逻辑思维、辩证思维和创造性思维。

四、依托大数据的课外拓展资源推送个性化

在大数据的收集处理中，每个学生的个性特征和个性化需求被记录，智慧课堂云平台可以智能提醒教师进行个性化指导，还可以精准地进行个性化资源推送，实现"因材施教"，实现学习"减负增效"。

云平台根据不同学生的年龄特点、思维特点、性格特点、语言习惯和语文薄弱项，推送与课内衔接紧密的优美文章，开展群文阅读、扩大学生的文化视野，有助于学生"文化传承与理解"素养的培育，在语文学习中理解和借鉴不同民族和地区的文化。

又如，针对写作训练专题，智能推送与学生层级特点相匹配的范文，为学生提供个性化的学习资源，使学生的自主学习有科学的依托、便利的渠道，激发其写作意愿和兴趣。

五、基于智能评价系统的教学反馈实时化多元化

一方面，对于学生，核心素养具有整体性和进阶性，往往需要包含若干课时的单元学习才能实现一定发展，大数据平台能实现教学评价即时反馈，不断激励学生持续、高效参与单元学习活动；对于教师，通过实时教学评价数据反馈，教师能及时调整课堂教学行为和策略；对于管理者，课堂实时监控平台能及时把诊断报告反馈给教育管理者，为全校开展高效课堂提供数据参考。

另一方面，智慧课堂让评价反馈的方式得到创新发展，例如，语文课上组织小组展示活动，让学生担任评委，使用投票功能，激发了学生的参与热情，又检测了学生对某类文本的理解是否到位，学生可通过投票结果的实时反馈，分析和反思自己，提升思维品质。

六、人工智能协助下的作文批阅智能化

中文写作智能批阅是指借助计算机的自然语言处理、信息检索、技术统计、人工智能等多项技术，通过特征值抽取、模型筛选、算法确定、分数报告与解释等几个核心环节，完成对一篇文章的"计算"，也就是"批阅"。[①]

首先，开发部门要根据不同学段语言能力、写作水平，按照教育考试院、教育研究院等单位标准化的评分细则，设置多维评价模型；然后，建立完善的评价数据导出系统，使教师得到学生在审题、结构、语言规范等方面的多维评价，生成个体报告、班级报告、学校报告等，从而为写作教学提供有针对性的帮助，例如基于大数据分析开发作文微课资源。

智能批阅能解决目前人工作文阅卷主观性较强、偏差较大的问题，特别在语言规范、错别字检测上有其优势。但是，智能化作文批阅还只是一项辅助功能，鉴于语文写作很看重文学意蕴、人文内涵，汉语的一词多义也并非"机器人"可简单识别的，所以人工批阅无法被取代。

---

① 刘兵，易海华. 中文写作智能批阅的精准实施与结果的有效运用 ［J］. 中小学数字化教学，2021（9）：15 – 19.

七、互联网广阔空间里的阅读资源海量化

语文学习的基础是文本阅读的大量积累。传统教学中单纯依靠教师传授显然已跟不上时代发展，这受限于教师本人的阅读量、阅读兴趣，无法满足当今社会青少年对知识的渴求、对未知领域开掘的兴趣；而传统实体书店和图书馆哪怕藏书再多，数量上也会有一个上限，且无法达到无限制的流通。在数字时代，互联网的海量资源为学生阅读提供了便利。教师应推荐学生利用移动终端，在线学习多元化的网络课程；教育部门建立电子书库，收录推荐中小学生阅读的国内外名著，实现资源共享。

综上，语文学科核心素养是一个整体，相互依存、共同发展。相信在智慧课堂所创设的语言文字运用真实情境中，学生能拥有一个充分互动的网络学习空间，被优化整合的文学与文化资源能通过智媒化的载体使学生获得审美体验，与此同时，学生思维得以创新发展，评估也变得全面、更有激励性。

第二节　核心素养导向的语文智慧课堂模型建构

一、高中语文群文阅读课智慧课堂实施路径

语文新课标倡导以任务群开展学习，整合学习情境、学习内容、学习方法和学习资源；新教材的大单元教学也多以微专题研习的形式开展。基于此，我们需借助智慧课堂来承载新课标、新教材的理念，实现高效课堂、知识共享，真正落实自主、合作、探究的学习模式，让学生习得语文学习的根本路径（教学流程图见图 2 - 3）。基于智慧课堂的语文群文阅读教学重点体现在以下几个方面。

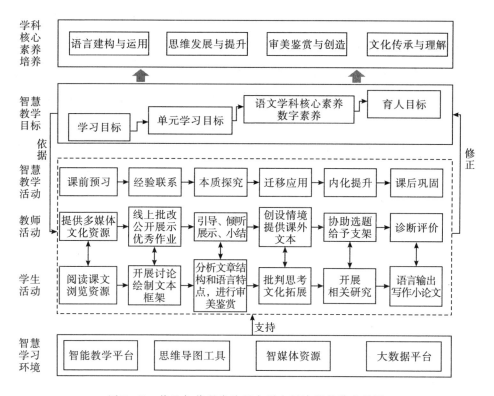

图 2 - 3　基于智慧课堂的语文群文阅读课教学流程图

（一）课前预习阶段

教师在线上学习平台开放预习任务供学生完成，包括提供阅读的背景资源、提供阅读策略指导等学习支架，做好问题设计，收集并分析学生预习成果，调整并细化课堂教学计划。

（二）经验联系阶段

结合专题研习文本，借助网络交互系统让学生围绕感兴趣的古今中外话题开展讨论。例如，对于实用类文本，新课标中有教学提示：以社会情境中的学生探究性学习活动为主，合理安排阅读、调查、讨论、写作、口语交际等活动。① 可以让学生就文本涉及的领域，结合上一阶段浏览的资源、联系

---

① 中华人民共和国教育部. 普通高中语文课程标准（2017 年版 2020 年修订）［S］. 北京：人民教育出版社，2020：20.

自身经验，谈谈自己的认识与看法，然后绘制文本框架图，整体感知全文。

（三）本质探究阶段

整体感知后，便是深入本质的文本细读与分析。

对于文学类文本，教师可开发微课，或在课堂上展现具象的音画资源等，引导学生感受作品中的艺术形象，欣赏作品的语言表达，把握作品的内涵与情感，理解作者的创作意图。

对于实用类文本，教师可通过小组网上辩论、学生绘制思维导图等方式，引导同学把握作者的观点态度和语言特点，理解作者阐述观点的逻辑，发展实证、推理、批判与发现的能力。

（四）迁移应用阶段

学生利用学校图书馆的电子资源库，或自行上网探索更多相关资料，结合自己的生活阅历，培养解决更多现实问题的能力，举一反三理解同类文本，生成自己的新发现。

（五）内化提升阶段

学生了解不同文体写作的一般规律后，从已学文本中捕捉创作灵感，尝试文学作品写作，通过线上学习平台或社交软件发布。

（六）课后巩固阶段

组织经验分享和成果交流会，利用信息技术引导学生填写线上过程性记录表、等级量表等自评互评的工具，促进不断进步。可采取综合性的检测形式，如围绕情境选择相关材料，设置一组有内在联系的、指向核心素养的问题或任务。①

二、初中语文整本书名著导读课智慧课堂实施路径

2022 年新修订的《义务教育课程设置实验方案》强调以学生生活为基础，以语文实践为主线，设计语言文字积累与梳理、实用性阅读与交流、文

---

① 中华人民共和国教育部. 普通高中语文课程标准（2017 年版 2020 年修订）［S］. 北京：人民教育出版社，2020：49.

学阅读与创意表达、思辨性阅读与表达、整本书阅读、跨学科学习等六个语文学习任务群。其中，整本书阅读——每册教材包括 6 部名著，3 年总计 36 部名著，达到了《义务教育语文课程标准（2022 年版）》规定的七至九年级"课外阅读总量不少于 260 万字""每学年阅读两三部名著"的要求。

"整本书阅读教学"的内涵主要有三层。一是"整本书"。这里所讲的"整"具有完整、整体的意思，既包括对全书脉络的通盘把握，也包括对全书内容的整体思考，甚至是序言、目录也应包括在内，表现出来的阅读行为较之单篇文本阅读应更具连续性。二是"阅读"。可以是深读、浅读，也可以是精读、泛读，还可以是课内读和课外读。三是"教学"。整本书阅读教学属于语文教学的重要组成部分，理应有教师的示范阅读引领、可操作性的教学设计和合理的教学组织活动等。整本书名著的导读课以及活动课对学生的"概括归纳思维、比较分析思维、联系思维、矛盾统一思维"的发展大有裨益。

（一）初中语文整本书名著导读课智慧课堂分析

1. 共享匹配的教学资源

在"互联网＋"的环境下，将作家作品、背景资料、时代特色的微课和短视频分享到共同的平台，实现匹配的准确性，实现教学资源的共享。

2. 创设不同的学习情境

在课堂导入、整本书阅读导读中，不同的情况下创设不同的学习情境，有利于学生提升代入感，进行沉浸式阅读或者思辨性阅读。

3. 采用多样新奇的互动方式

通过抢答、抽签、投票等形式，提高学生的参与率；通过基础知识趣味游戏方式，提高学生的积极性；通过智慧课堂手机同屏的形式，在师生共读精彩文段的时候，提高小组代表演示效果，进而引发生生互动，引发学生思维碰撞，相互生疑，引导学生进入字里行间，培养其咬文嚼字的习惯，培养其钻研原著的能力，让不同层次的学生逐步实现深度阅读。

4. 实现课后学习延展

通过课后习题反馈、课前资料收集推送，实现课后学习的延展。课后练习布置反馈后，可以根据智学网的数据统计，确定讲评的重点和难点。然后，通过推送微课的形式进行题目讲评。抑或在讲评之后进行二次推送，推送类似的题目，实现举一反三，实现拓展延伸。

5. 增强小习作批改的互动性

阅读的终点是写作，以读促写是整本阅读教学的重要环节。2022 年初中语文新课标要求"学生养成修改自己作文的习惯，修改时能借助语感和语法修辞常识、做到文从字顺，能与他人沟通写作心得，相互评改作文"。整本书阅读过程中，有很多小写作：关于精彩段落的批注；人物形象的概括；从不同的叙述角度叙述故事情节；关于主题思辨或辩论稿的拟写；整本阅读或整节阅读的读后感的写作。智学网相互评改作文的机制，可以让参与其中的学生思维产生碰撞，从而产生新的认知。

（二）基于智慧课堂的语文群文阅读课教学流程

基于智慧课堂的语文群文阅读课（教学流程图见图 2 – 4）教学重点体现在以下几个方面。

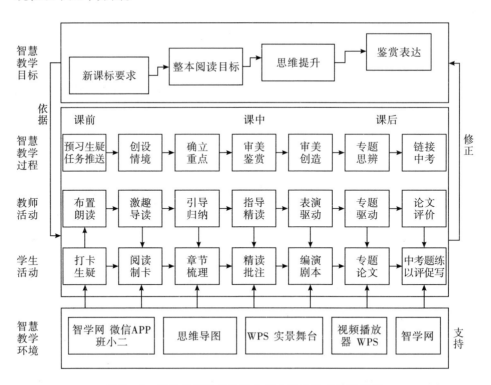

图 2 – 4 基于智慧课堂的语文群文阅读课教学流程图

1. 课前预习阶段

在智学网上推送有关背景简介的链接文本或视频资料，引导学生阅读和观看，以此为学生阅读整本书扫除一部分障碍，让学生对名著写作的背景有比较深刻的认识和把握。对于作家作品、时代背景等识记性的中考考点，设计题目，进行推送，通过智学网反馈设计讲评微课，节省课堂时间，达到及时辅导的效果。

2. 经验联系阶段

收集学生在阅读中的疑惑，培养学生自主生疑的能力。一千个读者就有一千个哈姆雷特。每个阅读主体，因为生活经历经验、知识面和语文素养不同，对同一本名著的解读有差异，不同层次的学生有不同的疑问。疑惑是阅读的动力和深度阅读的起点。基于此，整本书名著导读课设计以"三备"为方向：备名著、备学生、备中考三个方向。首先是备名著内容，重点是备学生疑惑，其次是备中考方向（中考附加题赋分 8 分）。以生成问题为起点，关注学生的最近发展区，引导学生用联系的思维来解读名著，联想已知文本，丰富阅读认知，在名著导读课上也易于产生积极的、频繁的师生共鸣。在学生现有的知识结构上备课，设计导读课主问题或系列课程的学习任务群，符合建构主义的认知规律和教学思想。

3. 本质探究阶段

同屏分享，共读重难点，在探究中提升思维能力。在文本细读阶段，对整本书情节概括、人物形象分析和主题归纳时，教师起到穿针引线、精讲导读的作用。阅读的主体是学生，教师组织各个学习小组自主合作探究，通过PPT 讲解引导学生对课堂主问题进行思考，引导小组合作讨论。从语言、动作、细节等方面分析人物形象时，需要学生的归纳概括和提炼能力。对名著的写作特色（包括表达技巧、表现手法、语言风格）鉴赏时，需要学生的比较分析思维、联系思维介入。对原著的内容和主题思辨解读时，需要学生的判断、推理、矛盾统一的辩证思维，对主题进行多元思考或深度思考。于是，小组成员在同伴的阅读分享中，逐步得到启发，逐步加深了对原著的理解，意义建构完成；小组成员的思维素养，在小组合作学习中养成，在导读课的主问题探究中养成，学生思维品质得到了提升。这个过程中，希沃白板的同屏功能，可以让发言者和听众共读同一段落，让发言者的分享高效有序。教师借助智慧教学环境为学生示范名著阅读批注方法，推送难点解读的微课，这样，匹配度较高，也节省课堂时间。

4. 迁移应用阶段

学生通过智能教学平台合作撰写剧本，小组成员将精读的理解和意义建构表现在剧本撰写和舞台剧表演上。首先，小组代表根据经典的情节撰写剧本，然后挑选演员，排练舞台剧，完成表演任务，该活动以评委的打分来评价小组同学深度阅读的效果。此过程中，学生审美鉴赏能力和审美创造力得到培养。

5. 内化提升阶段

在内化提升阶段，设计学生的小专题研究任务，引导学生撰写小专题研究报告。通过智学网对报告进行小组互评，实现生生互动，学生思维和认知进行再次碰撞，再度深化对整本书的认知。

6. 课后巩固阶段

学生完成初读、深度阅读、扮演式阅读以及思辨式阅读后，对名著认知有了一定的高度。教学活动采用中考题目来检验评价，引导学生将阅读能力转化为应试能力。

三、初中语文古诗词鉴赏课智慧课堂实施路径

初中语文新课标对古诗词教学提出的要求是："诵读古代诗词，在有意识地积累、感悟和运用中，提高自己的欣赏品位和审美情趣。"古诗词展现着我国悠久的历史和璀璨的民族文化，古诗词阅读教学是语文教学中的重要组成部分。经典古诗词篇目的鉴赏教学是古诗词单元整合教学的必要基础。基于智慧课堂的语文古诗词教学模式旨在强化以学定教的教学理念，大大提高课堂效率，同时让学生借助智慧教学环境的大数据服务平台和丰富的智媒体学习资源，更好地理解古人的情志，更坚定地树立文化自信（教学流程图见图 2-5）。基于智慧课堂的初中语文古诗词鉴赏教与学重点体现在以下几个方面。

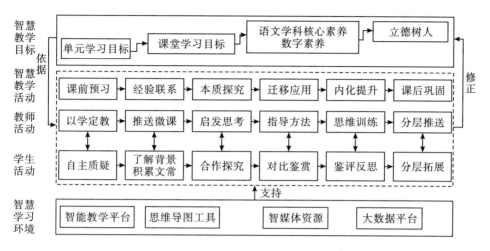

图 2 - 5　基于智慧课堂的初中语文古诗词鉴赏课教学流程图

（一）课前预习阶段

教师在研究了大单元学习目标及大量的古诗词鉴赏对应考点及题型后，有针对性地设置预习任务，并通过智媒体资源推送预习任务，让学生在预习时有方向、有重点，并能自主提出质疑。这是古诗词鉴赏阅读的开始。

学生的预习任务通过智媒体上传提交后，教师须对后台数据进行整理、分析，根据学生的预习情况研判学生的鉴赏能力薄弱点，针对学生的具体情况精准设置教学目标，做到"有的放矢、精准突破"。这是课前最关键的一步。

（二）经验联系阶段

学生通过教师在智慧课堂平台中推送的微课了解作品背景情境，联系旧知，把本篇作品鉴赏与已有经验建立联系，产生阅读鉴赏共鸣，积累古诗词文学常识。

比如像李白、杜甫、苏轼、李清照等大家名家，其经典作品已经有不少被收录在中小学各个年级的语文教材中；又如边塞诗、送别诗、咏史诗、山水田园诗等经典诗歌题材，在中小学语文教材中也是多次零散地出现。那么教师在上课前，完全可以结合本课具体需要，根据"同一作者""同一题材""同一时代"等不同的标准，梳理各年级教材中出现过的与本课相关的知识点或作者作品的相关信息，然后做成微课，通过智慧课堂平台推送给学生观看。这样，新旧知识就有了联系，学生的古诗词学习思维也得到了系统化的梳理。

（三）本质探究阶段

本质探究阶段是课堂实施过程中最重要的一个阶段，同时也是与前后教学阶段环环相扣、承前启后的一个重要阶段。借助智慧教学环节，本质探究阶段还能被呈现得更生动活泼，从而大大提高课堂实效性。

经过前面两个教学阶段的铺垫，教师已经完全了解了学生知识和能力上的薄弱点，并已"以学定教"，精准设定了本课的教学目标。在本质探究阶段，教师可以借助智媒体资源创设有趣味的竞赛活动，激发学生的学习兴趣，活跃课堂气氛，在温故知新中完成课前热身。也可以利用希沃白板等智媒体课件平台动态展示重点字词的读音和笔顺，有效吸引学生注意力，帮助学生梳理字词、当堂完成识记基础知识的任务。还可以创设情境，利用智媒体视频资源还原古代作品的创作背景，让学生身临其境，代入古人的处境理解诗人的情感和作品的主旨。

师生在课堂本质探究阶段，借助智慧教学环境进行实时的多元互动，以生为本，在人机交互、生生交互、师生交互中自主合作探究古诗词作品的意象、意境、内涵与情感。

（四）迁移应用阶段

迁移应用阶段是紧承本质探究阶段的，此阶段是教师引导学生举一反三、用所学知识解决实际问题的关键阶段。

在此阶段，教师可以利用希沃授课助手当堂批改学生的默写情况。希沃授课助手的展示功能让学生有类似面批的体验，便于师生即时检验课堂效果。也可以利用智慧游戏的趣味性帮助学生把课外积累化难为易，进一步完成教学目标中的能力目标。比如，在课例《水调歌头·明月几时有》的本质探究阶段，教师引导学生学会用"月亮"这一意象鉴赏诗词作品后，在迁移应用阶段利用智慧平板、希沃白板设置人机互动游戏"选词填空"：带有典型意象的课外诗词积累，教师观察学生现场游戏答题情况，适时点拨，再次强调利用意象鉴赏古诗词作品的意识。

教师借助智慧教学环境为学生提供古诗词鉴赏的方法示范与难点解读，学生通过智能教学平台进行对比阅读与鉴赏，开展师生交流，答疑解惑，培养学生的鉴赏能力。

（五）内化提升阶段

内化提升阶段是帮助学生总结反思的阶段，在此阶段，教师可以利用思维导图等技术手段，帮助学生进行总结评价，包括预留合适的时间，让学生自行理解消化；教师点评学生的学习情况，对当前所学知识进行概括和总结等。

学生通过大数据平台开展古诗词鉴赏评价及反思，教师针对评价反馈，及时对学生在阅读过程中产生的问题进行分析和纠正，以深化学生对古诗词鉴赏的理解。

（六）课后巩固阶段

课后巩固阶段是课堂 40 分钟以后的阶段，用于帮助学生巩固新学、继续积累。教师可以借助智学网等智媒体平台推送集体作业，帮助学生再次巩固所学。然后针对智慧批改情况再次推送个性化作业给个别学生，帮助学生实现学科素养的提升。

在此阶段，教师通过大数据平台分层推送同类型的古诗词鉴赏探究训练，扩大阅读视野，丰富个性化阅读与鉴赏的经验，让不同层次的学生都得到知识的巩固和能力的拓展。

第三节　核心素养导向的语文智慧课堂案例分析

案例一：《探索之趣　思维之光——〈中国建筑的特征〉〈说"木叶"〉》智慧课堂教学案例

学校名称：广东华侨中学

执教教师：谢致欣

所属学科：语文

教学对象：高中一年级学生

课程学时：1

授课单元：统编版高中必修下册　第三单元

教学主题：科学探索

一、案例设计背景与目的

统编版高中新教材 2020 年开始推行使用，在这一时代背景下，高一年级积极研究新教材、实践新教法，落实新课标精神。在部编版高一语文必修教材的教学中，本校高一备课组紧跟单元目标，整合文本，创设情境，鼓励学生活动与自主生成。必修下册第三单元反映了自然科学和人文社会科学的多个领域中的探索及其发现，学生的学习重点是知识性读物的阅读方法，发展科学思维，培养科学精神。

二、教学理念

本课程基于智能平台开展混合式教学，融课堂教学和网络教学为一体。

新课标对课程结构的阐释是"从祖国语文的特点和高中生学习语文的规律出发，以语文学科核心素养为纲，以学生的语文实践为主线，设计'语文学习任务群'，整合学习情境、学习内容、学习方法和学习资源"。倡导自主、合作、探究，要求以任务为导向、以学习项目为载体，追求语言、知识、技能和思想情感、文化修养等多方面、多层次目标发展的综合效应。本单元交由师生通过文本学习完成一系列学习任务，引导在真实情境中学生自主生成与建构知识，在运用中切实提升语文素养。

三、教材与教学内容分析

《中国建筑的特征》和《说"木叶"》的研究主题同样关于中华文化，在统编版高中语文教材必修下册第三单元，属于"实用性阅读与交流"学习任务群。

1．主题与要素

人文主题：探索与创新；语文要素：阅读知识性读物，学习如何清晰地说明事理。

2．单元目标

（1）学习介绍科学发现过程和成果、展现科学研究艰辛与乐趣的知识性读物，感受不同领域学者的创新意识、探究精神和科学态度，发展科学思维，培养科学精神，激发对科学研究的兴趣和热情。

（2）掌握知识性读物的阅读方法，学会在阅读时抓住关键概念、术语和关键语句，理清文章思路，理解和把握文章主旨。

（3）尝试调动自己的知识储备和实际经验思考问题，借鉴课文中使用的研究方法进行探究，得出自己的结论。

（4）把握知识性读物的特点，学习文章说明事物、阐释事理和进行逻辑推理的方法，体会这类文章严谨、准确的语言风格，写作说明事理的文章。

3．两篇文章在本单元的地位及其与单元目标的关系

均属于单元重点研读课文，《中国建筑的特征》是一篇结构严密、语言简练准确的科学论文，《说"木叶"》结合大量古诗名句对"木叶"做出精细的美学辨析，指出诗歌语言的暗示性，是一篇有着个人色彩的学术随笔。两篇文章组合阅读，紧扣单元目标中"掌握知识性读物的阅读方法、借鉴课文说明事理和逻辑推理方法"的要求。

4．基于单元主题的教学构想

围绕"探索与创新"的单元主题，创设情境，以若干学习任务承载完成单元目标，激发科学探索的兴趣，学以致用开展简单的科学研究，写作小论文。

四、教学目标

1．语言建构与运用

通过两篇文章的比较阅读，把握关键概念和术语，理清文章思路，品味学术文章严谨准确的语言特点；通过小论文的研究与写作，掌握清晰阐明事理的方法。

2. 思维发展与提升

通过编辑选稿、回复读者质疑等情境化活动，学习文章逻辑推理的方法，发展批判性思维能力；通过自主选题探究，发展科学思维，培养科学精神。

3. 审美鉴赏与创造

通过赏析《中国建筑的特征》形象生动的比喻手法、《说"木叶"》浓郁的文化气息和灵动的文笔，体会修辞手法对增强学术文章可读性的作用；认识中国古典诗歌的暗示性特点及其美学意义，收获丰富的审美体验。

4. 文化理解与传承

通过梳理"中国建筑的特征"，理解诗歌意象的暗示性特点，加深对中国古典文明的认识，驱动学生探究中华传统文化的兴趣，提升对祖国文化的热爱与认可。

五、教学重难点

重点：体会并赏析两篇文章语言与结构的严密性特点。
难点：运用所学知识探究新问题，写作小论文。

六、学习者特征分析

1. 学生能力

授课对象为广东华侨中学高一（8）班学生，该班是"理科创新班"，自主学习能力较强，思维较灵活。

2. 学习的期待与挑战

本单元的课文闪耀着绚烂的科学之光，符合这个年龄段学生对探索与创新的兴趣，能激发他们的想象力和好奇心。代入情境活动，进行比较和批判性阅读也是学生们所热衷投入的。但难点在于《中国建筑的特征》《说"木叶"》均属于学术类文章，有深奥与晦涩之处，篇幅也较长，部分同学存在阅读障碍。

3. 教学活动开展的基础

在过去一学期的教学中，高一级语文课堂上已普遍开展任务驱动式的学习活动、小组研讨与汇报，同学们熟悉流程、讨论气氛热烈、热衷表达自我看法，是本节课开展互动教学活动、鼓励学生自主建构和生成知识的有利基础。

但由于选科分班，现成的班级是本学期开学初刚建立的，学生之间、师生之间的熟悉度不足，偶有小组讨论遇冷、学生羞于表达的情况，需要教师给予更多支撑和鼓励。

七、教学环境、工具及资源准备

1. 教学环境

线下依托学校配备学生平板的智慧课室，线上依托多媒体教学平台。兼具多样化教学工具：WPS 多媒体课件、希沃授课助手、智学网学习平台、微信群、影音播放软件等。

2. 资源准备

授课课件，图文并茂解读"中国建筑特征"的视频，关于《中国建筑的特征》《说"木叶"》的学术评论文章，作者资料，学生学案。

八、教学过程

教学过程如下（见表 2 − 1）。

表 2 - 1

教学环节	起止时间	环节目标	教师活动	学生活动	媒体作用及分析
课前预习	提前一天	学生熟悉文本，理清框架，排除阅读障碍	1. 在智学网发布阅读文本，请学生阅读两篇课文、两篇学术文章，布置书写框架图的作业。 2. 在智学网发布解读"中国建筑特征"的视频微课，布置学生观看	1. 通过智学网完成预习任务：阅读两篇课文、两篇学术文章；绘制文章结构框架图并上传。 2. 观看图文并茂解读"中国建筑特征"的微课视频	1. 教师可在课前及时批改全体学生的框架图，线上批改并留言、纠正，从学生作业发现问题，及时调整授课思路。 2. 图文并茂的微课辅助学生理解"斗拱""举折"等较陌生的中国古建筑结构特点
导入	0′—2′	激发学生情怀兴趣，明晰本课学习重点	通过多媒体课件展示，从中华文化研究引入：中华五千年历史留下了数之不尽的文明遗产，我国一代又一代的学者通过孜孜不倦的科学研究不断揭开着中华传统文化的神秘面纱，驱动着后人进一步去发现、探索，感悟祖国文化的魅力，热爱它并为之骄傲、自豪	从教师 PPT 展示的图片唤起中华文化研究情怀，明确课堂情境和学习重点：扮演一个编辑的角色，研读两篇关于中国文化研究的学术论文	多媒体课件上丰富的图片让学生直观感受中华文明研究成果

续上表

教学环节	起止时间	环节目标	教师活动	学生活动	媒体作用及分析
任务一 归纳梳理 交流分享	2′—22′	归纳两篇文章的语言和结构特点	1. 向学生平板发布任务:"《科普文摘》杂志的'探寻中华古典文化'栏目正在征稿,作为编辑,你计划在《中国建筑的特征》和《说'木叶'》两篇论文中选择一篇刊登在本期。请你基于收稿要求,结合文本,阐述刊登的理由。"发布辅助资料:"《学术杂志收稿要求》:①立场与概念清晰,符合栏目特色;②文笔通畅,语言具有可读性,深入浅出说明事理;③结构合理,层层推进,逻辑严密,论据丰富;④结论有创新,有启发意义。"	1. 在平板上查看任务和辅助资料,基于收稿要求,评判两篇学术文章是否符合,选择其中一篇,有条理地书写理由。	方便获取作为辅助支架的课外资料。

续上表

教学环节	起止时间	环节目标	教师活动	学生活动	媒体作用及分析
任务一 归纳梳理 交流分享	2′—22′	归纳两篇文章的语言和结构特点	2. 一边倾听和点评同学的理由，一边梳理成两篇文章的结构和语言特点，板书小结	2. 小组内积极讨论，在教师巡堂时可与之平等对话，表达自己的看法；然后每小组推荐一位代表发言，利用希沃授课助手上传学案，向全班分享自己的分析与见解，务必结合文本；通过教师的引导，小结两篇课文的结构和语言特点	利用希沃授课助手把学生笔记上传到教室平板，可拖动、放大、做标注，方便分享与点评
任务二 细读文本 批判思考	22′—40′	基于学术文本发展批判性思维	1. 向学生平板发布任务：论文刊登后，编辑部收到了来自读者的信件，你同意读者的意见吗？请回信，简明表达你的看法。 发布资料"读者信一"：《〈中国建筑的特征〉指瑕》；"读者信二"：《对于林庚先生〈说"木叶"〉一文的不同看法》。	1. 在平板上查看资料，书写回信，或支持原文并为之解释，或接受意见并尝试修改，态度诚恳，语气平和，符合书信格式。	方便获取课外补充资料，深化对文本与作者的理解。

续上表

教学环节	起止时间	环节目标	教师活动	学生活动	媒体作用及分析
任务二 细读文本 批判思考	22′—40′	基于学术文本发展批判性思维	2. 发布投票小程序，让学生选择"支持"或"反对"，调动课堂气氛。 3. 根据投票结果，每个立场选择若干名代表分享想法。 4. 引导同学： 其实两篇文章都是经典的学术论文，对中国文化研究贡献了莫大价值，应该说是瑕不掩瑜。让我们通过更多资料了解这两位作者。 向学生平板发布资料： 梁思成曾说："中国建筑之个性乃即我民族之性格，非但在其结构本身之材质方法而已。建筑师的业是什么？建筑物之创造，文化的记录者，历史之反照镜。所以你们的责任十分地重大。一个民族的自大和自卑都源于对于本民族历史文化的无知，只有了解自己的过去，才能站在客观的立场上，产生深层的民族自尊。"可见他对中国古建筑的情怀，对民族文化传承与保护的关切！	2. 在平板上参与投票，表明支持/反对的立场。 3. 各个立场的代表向同学分享自己的想法，通过希沃授课助手上传、朗读回复读者的信件。	智能平板的投票功能调动学生参与批判性活动的兴趣；帮助教师迅速甄别出不同学生的不同立场，选择发言的代表。

续上表

教学环节	起止时间	环节目标	教师活动	学生活动	媒体作用及分析
任务二 细读文本 批判思考	22′—40′	基于学术文本发展批判性思维	林庚先生三度撰写中国文学史，"在有创造性的地方多讲，才可以看出中国文学史起伏的地方，看出它发展的脉络。"对于学生来说，他是出色的诗歌启蒙者和文学引路人，常常在讲坛上忘情地长吟诗词。他编著的《中国文学简史》中有这样一段文字："伟大作品中所体现的：时代的脉搏、爱国主义的精神、和平的愿望，对于祖国历史、河山与乡土的爱恋，对于内外压迫者的反抗，对于斗争中优良品质的礼赞。" 所以，两位作者无论在自己领域的深耕、还是对于国家与民族的情怀，都很值得我们敬佩！我们应该循着前人的路，致力于传承中华优秀传统文化，并在自己感兴趣的领域开展关于中国文化的研究	4. 阅读教师发布的补充资料，通过教师的引导，进一步了解作者，涵养对中华传统文化的热爱及爱国情怀	利用希沃授课助手把学生笔记上传到教室平板，可拖动、放大、做标注，方便分享与点评

续上表

教学环节	起止时间	环节目标	教师活动	学生活动	媒体作用及分析
课后评价　任务三　迁移写作　学以致用	利用三个周末完成	评价与诊断学生的知识获取，能把堂上体会与归纳的结构及语言特点学以致用	1. 发布任务：本栏目使读者了解到中华民族的灿烂文明，引起了热烈的社会反响，为激发新一代年轻人探索我国古典文化的兴趣，杂志副刊《青少年科学》面向同学们公开征集有关中华文化研究的科普小论文。现在你是一名学生，请选择有关中国古典文化的某个问题、某种现象或成果进行探索研究，搜集资料，再借鉴《中国建筑的特征》和《说"木叶"》的逻辑结构、语言特点，清晰说明事理，投稿到编辑部邮箱。题目自拟，800 字以上。（选题参考："柳"意象的暗示性、登临诗中的文人情怀、从"朝霞不出门，晚霞行千里"看古代人民的地理认知、爆火出圈的舞蹈诗剧《只此青绿》与旷世名作《千里江山图》的关系、汉服的前世今生、粤语中保留的文言词语……）	1. 明晰课后任务，仔细审题。 2. 利用图书馆、中国知网等互联网平台搜集资料，在微信群分享资源、下载教师推荐的素材，通过微信与教师及时沟通交流。 3. 确定选题。	丰富了获取研究资源的渠道，提升学生信息搜索、甄别、筛选、整合的能力。 打破与教师、同学交流的时空界限，有助学生利用起零碎时间，高效学习、减负增效。

续上表

教学环节	起止时间	环节目标	教师活动	学生活动	媒体作用及分析
课后评价 任务三 迁移写作 学以致用	利用三个周末完成	评价与诊断学生的知识获取，能把堂上体会与归纳的结构及语言特点学以致用	2. 指导学生搜索资料，通过微信班级群推荐相关链接，在社交网络与同学保持交流。 3. 登记好同学确定的选题。 4. 智学网上收取学术小论文作业并批改	4. 书写学术小论文，通过智学网上交作业	论文通过智学网上交，教师随时随地、手持一台移动设备即可批阅，并能瞬时分享、提取、打印

九、学习评价设计

1. 评价任务

见表 2 - 1 任务三。

2. 评价标准

（1）思维方面，选题有创新性，论证过程观点鲜明、架构清晰、逻辑严谨，能恰当运用各种论证方法，体现深刻性、批判性、灵活性和独创性等思维品质的提升。

（2）文化方面，围绕"中华传统文化研究"的主题，能利用互联网广泛搜集、认真整理资料，使文章论据丰富，在研究过程中增强文化自觉、提升文化自信，通过文章传播与弘扬中华优秀传统文化。

（3）语言方面，主动积累、梳理和整合相关语料，写作时能运用流畅、严谨的语言说明事理，文献引用符合规范。

（4）审美方面，在阅读、研究、写作的过程中，体现正确的审美意识、健康向上的审美情趣和鉴赏品味。

十、教学创新与亮点特色

1. 利用智慧平台能让前置的学习任务有效落实

对于课前预习的作业，教师线上批改并留言，掌控学生的完成质量、及时纠偏，且能发挥课前预习对教师备课的作用，教师可在课前从学生作业发现问题，及时调整授课思路。

2. 利用微课能突破学生阅读难点，实施差异化教学

例如，图文并茂的微课辅助学生理解"斗拱""举折"等较陌生的中国古建筑结构特点，不明白的同学还可以多次回放。

3. "互联网＋"背景下利用科技软件整合学习资源，进行群文阅读，符合人才需求

培养学生搜索资源、甄别正误、筛选信息、提炼精华、转换输出的能力，方便学生获取课外资料，深化对文本与作者的理解。

4. 融合平板共享技术，以任务驱动打造高效课堂

构建师生互动、生生互动、生本互动的新型关系。

5. 充分发挥智能平板强大的数据统计功能

投票功能调动学生参与批判性活动的兴趣，帮助教师迅速甄别出不同学生的不同立场，选择发言的代表。

6. 网络通信平台打破了学习的时空界限

通过微信互动交流、推送资源的方式，学生在周末可及时与教师、同学交流，有助学生利用起零碎时间，减负增效。

7. 优化作业收发与批改的流程，发挥作业对后续学习的指引性功能

学生的论文通过智学网上交，教师随时随地、手持一台移动设备即可批阅，并能瞬时分享、提取、打印，利于学生学习并收藏他人优秀习作。

8. 融合创新应用的情境化教学、读写结合活动注重学生的表达与交流

能提升学生在实际交流中运用祖国语言的能力，培养学生的阅读兴趣，在线上线下任务中自主生成与构建知识，体现了"教—学—评"一体。

十一、教学反思

1. 紧跟时代步伐,在教育教学中让信息技术助力交互式教学是非常重要的

智慧课堂能促进学生自主学习,更高效地开展课堂活动,突破教学重难点,还能开展分层教学,在当今时代背景下具有莫大的价值。但在实施过程中,有出现断网、部分同学软件没更新导致上传失败等问题,这是需要进一步完善的,例如提前检验好设备、提前与技术人员沟通以便得到更充足的保障。

2. 必须坚持"学习者中心"的教学理念

本课始终以学生为主体,教师是教学行为的设计者、组织者、引导者,通过激趣、提问、给予足够的辅助支架,鼓励学生自主生成与构建知识。学生很认真完成每个研讨任务,堂上热烈交流、主动分享,课后分享研究资料的热情高涨,实现了平等而充分的师生、生生对话。

3. 切合新课标要求开展情境化教学、读写相融的教学策略,值得发扬

创设情境提升学生的语言实践能力,符合语文学科的培养目标,充分发挥了经典课文对写作的引领作用,以读促写,让读写训练融为一体,相得益彰。

4. 落实语文学科核心素养的目标达成

本课学科核心素养落实情况——语言方面,学生通过比较阅读把握了关键概念,品味到学术文章严谨准确的语言特点;思维方面,在热烈的讨论中发展了批判性思维能力;审美方面,欣赏了《中国建筑的特征》形象生动的比喻手法和《说"木叶"》浓郁的文化气息和灵动的文笔,理解中国古典诗歌的暗示性特点及其美学意义;文化方面,加深了对中国古典文明的认识。

十二、案例推广办法与经验总结

(1)围绕单元主题和单元目标,选定微专题群文阅读的课文组合,该专题应做到"教—学—评"一体,环环相扣,精心创设现实情境、设计学习任务。

（2）教师备课时应多阅读相关资料，结合学情为学生搭建恰当的辅助支架，更要丰富自身的知识储备——一来可淡定应对学生多样化的生成结果，二来可拓宽课程知识面、提升学习内容的品质与格调。

（3）融合信息技术，在课前、课中、课后分别借助不同的智能交互手段，提高学习效能，落实教学目标的达成，例如多媒体课件技术、智学网平台、AI 学软件、希沃助手、中国知网 APP、微信等。

案例二：《群星闪耀——初中语文项目式写作教学活动》智慧课堂教学案例

学校名称：广东华侨中学

执教教师：黄曦雯

所属学科：语文

教学对象：初中一年级学生

课程学时：1

一、案例设计背景与目的

项目式学习作为一种重要的教学策略，正不断引起教育界的关注。在参与项目式学习的过程中，学生能逐渐获得并不断提升以下能力：主动搜索资源，辨别与分析信息，与同伴合作，主动甚至创造性地解决问题。把项目式学习融入写作教学中，以项目为主干、任务为载体、实践为目的，能在解决问题的过程中点燃学生的写作热情，提高写作水平。

二、教学理念

本教学案例基于智能平台和智慧课堂系统，将项目式学习引入写作教学，实现了课堂教学和网络教学的融合。

2016 年秋季，教育部组织编写的义务教育初中语文教材（以下简称"统编教材"）全面改版，与以往的语文教材相比，新教材在写作教学方面更强调"让学生在实践中学习写作、体验写作，易于动笔、乐于表达，使书面语言运用能力得到有效提升"。本案例以统编版语文教材七年级下册第一单元的单元写作为例，探索在信息技术的支持下，智慧课堂环境与统编版教材写作教学以及项目式学习的有效整合。

三、教材与教学内容分析

本教学案例基于统编初中语文七年级下册第一单元选编的一组写人文章。

1. 主题与要素

人文主题：群星闪耀；语文要素：理解和表现人物精神特质。

2. 单元目标

（1）能把握文章主要内容，分析作者对特定情境下人物肖像、语言、行动、神态的描写，特定场景中的反差、冲突，及画龙点睛的抒情议论，能用自己的语言在限定字数内，概括课文所写人物的精气神。

（2）能结合时代背景和人物处境，从多角度、多侧面理解人物在不同社会角色身份下表现出的精神特质。

（3）在阅读中，体会课文中优秀人物对己、对人、对事、对国的态度，发现身边普通人的闪光点，用文字表现人物的精气神。

3. 基于单元主题的教学构想

围绕"表现人物的精神特质"的单元主题，创设具体情境，以"制作校运会纪念特刊"为驱动性任务，引导学生确定项目的成果形式——图文并茂的纪念特刊。

四、教学目标

1. 语言建构与运用

从校运会中选取一个或多个典型事迹或场景，通过观察、访谈等手段，运用多种表达方式，从多个角度写出一位运动员的具体表现。

2. 思维发展与提升

能在比较分析中，领会综合运用多种描写手法来以形写神的方法；借助各种修辞手法突出人物的外在特点和内在精神等。

通过修改校运会通讯稿，发展批判性思维能力。

通过项目式学习，增强探究思维，培养合作精神。

3. **审美鉴赏与创造**

在阅读、观察和写作的过程中，感悟人物的优秀品质，在思想、言行上向所读、写的优秀人物靠拢，获得精神成长。

五、教学重难点

重点：借助写作辅助支架，引导学生综合运用多种描写手法来以形写神；借助各种修辞手法突出人物的外在特点和内在精神等。

难点：运用所学知识修改校运会通讯稿和新闻特写，形成最终的项目成果。

六、学习者特征分析

1. **学生能力**

授课对象为广东华侨中学七年级学生，授课班级是"创新班"，有一定的自主学习意识，求知欲较强。

2. **学习的期待与挑战**

教师以"制作校运会专刊"为驱动性任务，因为写作内容是同学们所熟悉的，能激发同学们的创造欲，所以同学们都很期待该项写作活动。同时，用智慧课堂系统授课，对于七年级学生来说充满新鲜感。

但是同学们的写作基础还是比较薄弱，完成校运会通讯稿和新闻特写，对他们来说确实是一项不小的挑战。

3. **教学活动开展的基础**

写人记事文章是七年级学生学习写作的重点，在七年级上册第三单元的写作中，我们学习了"写人要抓住特点"，本课将在此基础上继续学习，如何深入写出人物精神。

在过去一学期的相处中，授课班级的同学之间已经形成了一定的默契，有牢固的感情基础，这对于开展项目式学习是一个很大的助力。

七、教学环境、工具及资源准备

1. 教学环境

学校课室，多媒体教学平台，学生平板连接校内网络。

2. 教学工具

多媒体课件、畅言智慧课堂系统、QQ 群、影音播放软件。

3. 资源准备

授课课件，小组项目任务表模板，在特定场景中描写人物的范文，访谈录范文，谈话类节目视频，《广州市中考作文评分标准》，校运会通讯稿，学生学案。

八、教学过程

教学过程如下（见表 2 - 2）。

表 2 - 2

教学环节	教学内容	学生活动	媒体作用及分析
课前预习	1. 教师先在智慧课堂系统上为学生推送与本次写作活动有关的资料，如小组项目任务分工表模板、在特定场景中描写人物的范文、访谈录范文、访谈类节目《圆桌派》《领航者》等，为本次写作做好准备。 2. 接着，在智慧课堂系统上为学生推送一篇校运会当天同学写的通讯稿以及《广州市中考作文评分标准》，让学生总结此通讯稿的优点和缺点	通过智学网完成课前任务：完成小组项目任务表；阅读在特定场景中描写人物的范文、同学写的通讯稿以及《广州市中考作文评分标准》；根据《广州市中考作文评分标准》总结同学所写通讯稿的优点和缺点；观看访谈录范文以及访谈类节目的视频	1. 教师在课前批改学生上传的通讯稿点评以及学生填写的小组项目任务表，从中发现问题，及时调整教学内容。 2. 展示小组项目任务表模板、在特定场景中描写人物的范文、访谈录范文、访谈类节目《圆桌派》《领航者》等资料，能让学生更清楚了解项目活动中的分工以及人物访谈、通讯稿写作的特点

续上表

教学环节	教学内容	学生活动	媒体作用及分析
导入	教师播放本班学生在校运会比赛中的精彩片段	观看教师播放的校运会比赛视频，在教师的引导下，回忆当时的场景尤其是运动员的具体表现，明确本次写作活动的对象，做到胸中有丘壑	播放本班学生在校运会比赛中的精彩片段，能迅速勾起同学们对校运会的回忆，调动写作积极性，迅速进入写作状态
环节一 自主思考 发现问题	1. 教师展示前置任务中学生对通讯稿优缺点的评价，引导学生总结归纳该通讯稿需要修改的地方。 2. 教师向学生平板发送上述通讯稿的修改版，引导学生分成七个战队，就如何对该通讯稿进行修改展开讨论	1. 在平板上查看前置任务中同伴对通讯稿优缺点的评价，然后用智慧课堂系统中的抢答功能发言，总结归纳该通讯稿需要修改、润色的地方，如用词不当，缺乏好词好句，没有修辞，对冲突的描写不够详细，过于口语化，未能凸显运动员在特定场景下的生动表现，不能由表及里反映人物精神，等等。 2. 在平板上查看上述通讯稿的修改版，对照《广州市中考作文评分标准》进行小组讨论，找出修改版在哪些地方进行了改进。 3. 各战队通过投票，推荐一位代表发言，向全班分享自己对该版本修改的看法。 4. 在教师的引导下，学生自行总结出修改通讯稿的方法	1. 教师能迅速在课堂上给学生推送学习资料。 2. 智能平板的抢答和投票功能极大地激发了学生的学习热情，大大增强学生的课堂参与度，也避免了由教师指定学生发言而学生又不愿意的尴尬情况，真正让学生做课堂的主人

续上表

教学环节	教学内容	学生活动	媒体作用及分析
环节二 动手实践 修改文章	1. 教师先提供三份待修改的校运会通讯稿供学生自由选择。 2. 向学生平板发送修改文章的辅助支架：①请用1-2种修辞手法，如比喻、排比、夸张等修改文段中的一个句子；②请用1-2种刻画人物形象的描写手法，对文段里面的描写人物的段落进行修改；③请于文段内恰当地补充一段环境描写或侧面描写，进一步丰富文章的表达	借助教师提供的三个写作支架，在教师提供的三份待修改稿中任意选择一份进行修改、润色	学生利用畅言智慧课堂系统将修改好的稿子上传到教室平板，教师可以根据教学需要在学案上写写画画，能即场给予学生反馈
环节三 学以致用 制作特刊	教师引导学生采用合作的学习方式，参与校运会特刊的制作活动，对学生在课堂上所学的知识进行内化提升	学生以战队为单位分工合作，完成校运会特刊的制作，对新闻知识从浅层次的认知逐步深入到更高级别的了解	各战队把制作的校运会特刊拍照上传到智慧课堂系统的"优秀作文展示区"，供全班同学参考借鉴。同时家长也可以看到孩子的作品

九、学习评价设计

1. 写作后的评价

在该环节中，首先由学生将已修改好的校运会通讯稿、新闻特写拍照上传到智慧课堂系统作业区。其次，教师在智慧课堂系统上传作文评价标准及要求。最后，教师组织学生利用课余时间根据教师所发的作文评价标准对自己的作文进行自评，然后各战队队长组织队员开展战队内部的作文互评活动。在学生自评与他评期间，教师可以在 QQ 群与学生进行线上互动，指导学生恰当评价作文。

2. 写作后的讲评与出项

教师先对每个小组的作文自评与他评及时进行点评与总结。接着，各小组完成本小组特刊的图文修改后，形成最终的项目成果，进行全班全级的成果展示。

十、教学创新与亮点特色

1. 运用项目驱动教学法进行专题写作教学

以"制作校运会专刊"为驱动性任务，引导学生深入观察班级同学在校运会活动中的表现，有创意地把同学们在校运会活动中表现出的精气神写出来，并能根据表达的需要修改文章，与同伴分享写作心得，合作完成"校运会专刊"。这项活动让写作回归到日常，一方面让学生觉得有话可写，克服畏难心理，有助于激发学生的表达欲；另一方面有效培养了学生的合作探究精神。

2. 利用智慧课堂系统，在学习平板发布前置学习资料

学生提前在家用平板阅读教师推送的丰富多元的导学资料，原来被动的学习便转为主动的学习，这种形式更适合学生自主学习。教师在课前批改学生上传的通讯稿以及学生填写的小组项目任务表，作出点评，从中发现问题，及时调整教学内容。

3. 充分利用智慧课堂系统的各项功能

根据学生的行为表现和心理变化，教师可以借助智慧课堂系统的强大功能把课前线上点评、课中教师的讲授、小组讨论、抢答、投票、发布分享等内容有机结合在一起。这样既做到师生良好互动，强化教师服务支持，又不断丰富学生的写作体验，从而产生克服写作畏难情绪的正能量，让学生充分沉浸在整个写作过程中，而不仅仅限于课堂。

4．网络通信平台和智慧课堂系统让写作学习不再受制于时间和空间

学生可以提前在家用平板阅读教师推送的导学资料，遇到疑问或困难，可立即通过 QQ 与教师或同学进行讨论交流，又可以用平板回看导学资料或课堂学习资料。

5．实现写作的多元评价

利用智慧课堂系统，教师能顺利把教师评价、学生自我评价与同学互评结合在一起，从而弥补了传统写作教学中评价单一的不足。

十一、教学反思

1．符合项目式学习的要求

以"制作校运会专刊"为驱动性任务，深入观察班级同学在校运会活动中的表现，有创意地把同学们在校运会活动中表现出来的精气神写出来，这个教学设计和安排，符合统编教材对写作的要求。这样能激起学生的创作欲，在项目活动中学习写作，体验写作、表达的愉悦，使学生的书面语言运用能力和口头表达能力得到有效提升。

2．语文学科核心素养的目标达成

在语言方面，学生能在一个具体的场景中综合运用多种描写手法，借助各种修辞手法表现人物的外在特点和内在精神。

在思维方面，学生能在热烈的战队讨论中发展批判性思维能力。

在审美方面，学生能在阅读、观察和写作中学习优秀运动员的美好品质，获得精神成长。

3．教师在写作技巧指导方面存在不足

在课堂内，教师提供的写作支架更偏向于教授学生陈述性知识而非程序性知识。

4．课堂管理有待加强

由于第一次在课堂上使用平板学习，学生极其兴奋，课堂纪律一般，需要教师花时间调控，导致挤压了写作指导的时间。

十二、案例推广办法与经验总结

（1）对于预习阶段布置的前置学习任务，教师不仅要及时批改，更应与项目活动有效结合，让其成为评价整个项目成果的一环，更能激发学生的积极性。

（2）在课堂教授环节，教师要加强对写作技巧的指导，为学生提供策略支架，改变教授陈述性知识为教授程序性知识：比如第一个支架，从"用比喻"改为"怎么用比喻""在哪里用"；再如第二个支架，从"用描写手法"改为"怎么用描写手法刻画人物形象"，甚至可以给一些固定句式让学生尝试练习，如外貌描写中，可以尝试把"有"字去掉，或者用一些动词代表"有"字；在动作描写中可以尝试使用"交替性动作描写"，如"一同学……，对方也……"；等等。

还要注意为学生留出足够的思考空间，最好由学生通过小组讨论以及与教师的互动，自主归纳写作方法。

（3）上课前，教师务必检查学校网络和上课设备，保证教学活动顺利开展。

（4）课上，先跟学生明确使用平板学习的纪律要求，加强课堂有效管理；课下，利用智慧课堂在线交流功能和 QQ 群，多与学生交流互动，了解他们的困惑，及时提供帮助，尤其是对写作基础薄弱的同学提供写作辅导。

第三章
核心素养导向的数学智慧课堂

第一节　核心素养导向的数学智慧课堂特征分析

数学核心素养是学生在数学课堂学习过程中，逐渐形成的对其未来发展有利的个人品格与能力，帮助学生会用数学的眼光观察（现实）世界，会用数学的思维思考（现实）世界，会用数学的语言表达（现实）世界，培养了学生数学抽象、逻辑推理、数学建模等数学素养。

初中数学和高中数学的学科核心素养构成并不完全相同。初中学科的核心素养包括抽象能力、推理能力、运算能力、几何直观、空间观念、数据观念、模型观念、应用意识、创新意识九个维度，而高中数学学科的核心素养主要分为数学抽象、逻辑推理、数学建模、数学运算、直观想象、数据分析等六个方面。尽管如此，初、高中的数学课堂还是具有相通之处，都是围绕数学学科的核心素养去培养学生的"四基"与"四能"。

中学阶段的学生无论是知识学习能力还是个人思维能力都在高度发展。在传统课堂教学中，教师往往更注重学生对不同数学知识点的有效记忆，学生在课堂上处于被动学习的地位，部分学生缺乏数学学习兴趣，个人数学学习成效有限。教师在有限的时间内也只能针对整体学情、挑选重难点内容讲解，无法进行个性化教育，使得优生吃不饱，中等生吃不好，学困生吃不了。而随着时代的发展，信息技术已经走进生活的每一个角落，特别是智慧课堂把信息技术融入课堂中来，创作出丰富多样的认知情境，从而实现将抽象晦涩的数学知识以生动形象的方式展现出来，用知识图谱将知识串联成网，引导学生梳理知识脉络，优化知识结构。同时，借助智慧课堂技术，教师可以实现更多的课外延伸，利用网络的丰富资源，拓宽学生的知识面，从课前微课预习到课后总结再探究，学生不再被限制在传统的课程和有限的知识内容中。智慧课堂使得课堂有更多的可能性，不仅能提高学生专注度，培养学生自主学习的能力，还可以鼓励学生发扬勇于探索的进取精神。

此外，在"双减"政策背景下，智慧课堂借助大数据分析功能，使得学生在课堂学习时也可以得到及时的反馈，同时方便教师更精准地找到学生解题的易错点和知识的误区。智慧课堂的大数据分析功能可以对学生的成绩进行动态观测，针对学生的错误，给出相应的针对性练习，满足不同层次学生的个性化学习需求，真正实现"人人都能获得良好的数学教育，不同的人在数学上得到不同的发展"的课程理念，实现精准教学，减负增效。

数学智慧课堂具有以下的主要特征。

一、知识体系最优化

数学学科是一科入门门槛相对较高的科目，除了本身知识点多，同时也是中学众多学科中最依赖逻辑推理能力的学科。学生在学习过程中不能通过死记硬背来学习数学，必须通过梳理知识与知识间的逻辑关系，用推理的方法把知识点串联起来才能真正地理解数学知识的意义。因此，知识结构的优化是数学教学与学习的关键点，是数学学科核心素养养成的重要载体。

智慧课堂下，智能技术与中学数学课堂教学的深度融合，促进了学习方式和知识体系架构的转变，如教师与学生可以在课堂中探寻与构建数学知识图谱，梳理知识的来龙去脉，培养数学思维，借助思维导图将知识点关联起来，使分散的数学知识更具条理性与逻辑性，实现数学学科核心素养的有效培养。

二、认知工具丰富化

从教学形式的角度看，智慧型课堂可以不仅仅局限于语言的传授。教师借助现代网络技术、多媒体等形式，以不同途径的情境来增加课堂的趣味性。例如，在传统教学中，讲到图形的旋转时，很多教师都是用教学工具来对学生进行静态演示。现在教师可以借助信息技术的力量，将教科书中的教学重点制作成幻灯片或动画的形式，这不仅可以强化知识重点，还可以为学生带来丰富的体验感，进一步促进中学数学智慧型课堂的打造。

从教学流程的角度看，智慧课堂是能提供丰富的媒体资源并帮助学生构建认知思维的一种工具。智慧课堂根据学生需求，在不同的教学流程都能进行智能化的推送。如日常教学中，学生需要在课程前进行预习，可以借助智慧课堂的微课库寻找对应知识点的微课视频，了解数学知识的起源背景，了解解决问题的基本方法。而课后巩固阶段，学生可以借助终端教学的多样性，根据各自不同的掌握程度，实现针对性的有效训练，并建立学生个人学情数据库帮助学生判断对应知识点的掌握情况。

此外，智媒化的教学平台可以帮助学生降低知识的获取成本，学生也可以通过智媒化的教学平台主动探寻自己感兴趣的知识，拓展自己的知识储备。

三、交互活动协同化

数学的学习不是简单的模仿与记忆，为了更充分了解知识的内在逻辑，动手实践与合作交流是必不可少的。数学活动是智慧课堂核心素养形成的主要路径。学生通过智能教学平台的问题链驱动以及任务群的引导协同完成任务，实现学科方法应用与创新。人机、师生、生生之间通过平台实现无障碍的沟通与交流，碰撞出更多的思维火花。人机交互的介入，使得数学活动的开展不再受场地、时间以及形式的限制，数学课堂可以得到延伸。

例如教师开展教学活动时，可以引导学生借助微课录像，先对学习内容进行预习，学生在课堂之前预先形成知识概念，通过智能教学平台与教师进行沟通，教师在上课之前借助智能教学平台收集学生预习时出现的问题，这有助于提高课堂教学效率与拓展课堂知识深度。

四、资源推送个性化

传统课堂是以教师为课堂核心的教学活动，但是一名教师需要面对几十个学生，学生的理解能力与基础知识的掌握又互有差异，教学过程中很难及时把握和照顾每个学生的特征与个性化需求，如在学习立体几何时，有的学生直观想象能力强，可以迅速把握各种几何体的结构特征，并加以推理得出相应结论，但是也会有部分同学难以理解知识内容，如无法把平面的斜二测画法下的图形在大脑中还原成立体图形。因此，利用大数据和人工智能技术可以根据学生自身的学习状态、兴趣偏向等，将学生进行分组，对不同组的学生进行个性化指导和资源推送，也对不同的学生提出不同的学习要求，直击学习痛点，让不同学习能力或不同学习进度的同学得到不同的学习资源，精准指导，精细教学，实现动态的分层教学，从而实现"因材施教"，并避免了一刀切的困境。

五、评价反馈实时化

数学思维的培养是需要长期训练的，对于学生而言，无论是初中还是高中，数学核心素养的培养都不可能通过突击训练一蹴而就，很多学生在学习过程中得不到及时的反馈，容易导致半途而废。因此，实时化的反馈机制是整个教学过程中的质量保证。教师与学生在整个教学过程中，都可以借助大数据平台实现数学教学的及时反馈。学生在学习中得到及时反馈，在反馈的激励下继续学习，形成良性循环，实现更加高效的刻意练习。教师通过教学评价与学生的掌握程度，及时调整课堂教学策略，当出现普遍性问题时，教师可以适当延长该知识点的学习时间，而个别学生出现学习困难时，可以通过推送功能进行个性化指导。反之，错过了最佳反馈时间，不但影响学生学习效率，也会拖慢教学进度。

在数学智慧课堂条件下，教师可以根据每个学生平时的预习情况、听课状态、有效互动、练习成绩、资源共享率、视频播放率等统计出每个学生的实时学习数据，并自动与班级的各项平均数据做比对，然后将统计结果直观地反馈给每位学生。教师可以准确了解班级学生的学习状态。学生通过教师的教学评价，了解到自己的学习情况并做出调整，激发学生学习动力和兴趣。

六、抽象探究模型化

传统课堂教学，教师需要在黑板上板书，而学生利用课本与学习资料进行对应的学与练，在面对实际问题求最优解等内容时，教师与学生都会陷入困境。因为课本与学习资料的内容是固定的，而问题与问法是多种多样的，学生需要耗费较多时间去理解内容，这样的学习可能是低效的。相对地，教师可以指导学生借助智慧课堂的计算机技术与多媒体技术，自己去构建相应的数学模型、辅助计算分析。建模过程本质就是对研究问题的抽象与概括，将其转化为数学问题并利用已有知识解决问题的过程。同时，巧用计算机技术，也可以帮助学生去试错，用数据和图形去说明使用哪些模型与方法更合适，指出不同方法解决相同问题的优缺点，有效提高学生应用数学的能力。

在实际的数学教学中，经常会遇到函数的性质，动点问题，旋转、折叠等问题。如果只依靠黑板静态图像演示和公式推理，整个课堂知识基本都由教师灌输，而学生只是被动接受，容易造成学生对知识理解停留在表面，学习效率低效。因此，教师可以借助几何画板、网络画板模拟等计算机技术突破纸质媒介的限制，建立数学模型实现旋转、翻折、缩放等动态变化，鼓励学生参与操作，观察，自主探究找出抽象问题的规律和结论。如在课前，教师播放预先录制的微课，演示如何生成几何画板中参数的动画，使图像生成动态效果。

七、几何图形可视化

学生几何直观和空间直观能力的培养不是一朝一夕就可完成的。在实际教学中，即使教师能在黑板中准确无误地画出空间图形，起到的教学效果远不如计算机直接呈现空间图形，这是因为计算机软件在呈现空间图形时可以动态形成阴影从而区分不同位置的点、线、面。借助计算机技术可以突破纸质媒介的限制，实现旋转、翻折、缩放、展开、合并等动态过程的可视化，可以帮助刚接触立体几何的学生养成空间想象能力，让教师的课堂不再因为只有描述性的语言而感觉到沉闷和抽象。学生在熟练掌握计算机技术后，可以不依赖教师，自行探究空间图形的性质，鼓励学生主动学习、自主探究。若条件允许，还可以借助 3D 打印技术，制作出具体真实的空间图形，让空间图形不再虚无缥缈，有助于构建和强化学生直观想象能力。智慧课堂技术使得学生接受知识的过程是通过探究和验证自行建构，而不是教师建构，感受知识生成的自然性，培养了学生勇于探究，自主思考的能力。

第二节 核心素养导向的数学智慧课堂模型建构

如果说新授课是种树，那复习课便是育林。有些人说学习了数学对生活工作毫无帮助，那是因为他们对数学的理解还是停留在知识和技巧层面，并不能借助数学知识透过现象看本质。同理，复习课不仅仅是把知识重组再现，更应是对知识点本身更深入的讨论与拓展，提高知识的理论水平与培养学生应用知识的能力。复习课的关键在于帮助学生突破对原有知识的认知表征，引导学生会用数学眼光观察（现实）世界、会用数学思维思考（现实）世界，会用数学语言表达（现实）世界。

一、高中数学探究新授课智慧课堂实施路径

数学核心素养中，数学抽象、逻辑推理、数学建模反映的是数学基本思想，是核心素养中最重要的数学思维品质。数学运算、直观想象、数据分析是学习数学的关键能力和方法。数学智慧课堂要注重提升学生以思维能力、应用能力和实践能力为标志的数学核心素养，这就使在数学教学中应用探究式教学变得十分重要。高中数学探究新授课智慧课堂（教学流程图见图 3 - 1）主要面向代数知识、几何知识和概率统计知识三个知识领域，分为概念的探究和定理、公式、方法的探究两种类型，重点体现在以下六个方面。

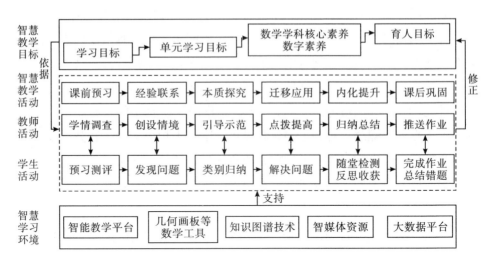

图 3-1　基于智慧课堂的高中数学探究课教学流程图

（一）课前预习阶段

对于数学探究新授课，我们经常强调要在学生已有的知识基础上组织探究活动，学生学情和预习非常重要。课前，教师在智慧教学平台发布辅助学生学习的资源材料（如教学微课视频、导学案等）和预习检测题，学生则提前预习并通过智慧教学平台完成预习检测题，以便教师诊断学生预习情况。

（二）经验联系阶段

无论是概念的探究，还是定理、公式和方法的探究，我们强调利用已有的知识探究新的知识。例如"圆的方程"，我们可以利用初中所学的圆的定义和求曲线轨迹的方法进行探究活动，对于立体几何，则可以从初中学习的平面几何的知识扩展到立体几何领域。课上，教师利用三维动画、虚拟技术等智媒体创设真实问题情境。当学习情境与学生原有认知产生冲突时，及时引导学生发现问题并解决问题。

（三）本质探究阶段

本质探究阶段即掌握数学学科"本质"，就是要消除非本质属性的干扰、分辨本质和非本质属性的不同，即凝练学科思想方法，对其他知识和技能削枝强干的过程。对于数学探究新授课，几何知识属于比较具体的知识，教学中可以利用实物模型或者借助几何画板软件展示具体的事物原型引导学生探索几何规律和数学思维方法；代数和概率统计知识属于比较抽象的知识，教师可以借助智能教学平台引导学生在实验对比和观察中寻找数学一般规律和数学思想方法。

（四）迁移应用阶段

《普通高中数学课程标准（2017 年版 2020 年修订）》指出："高中数学课程应力求使学生体验数学在解决实际问题中的作用、数学与日常生活及其他学科的联系，促进学生逐步形成和发展数学应用意识，提高实践能力。"因此，具有实际应用价值的数学知识，可以让学生利用自身的生活经验进行探究学习，让学生运用所学的数学知识和方法解决现实生活中的问题，教师及时给予点拨。

（五）内化提升阶段

内化提升阶段是学生对探究和应用的数学知识进行再构建的过程。这个阶段，学生可以通过大数据平台完成随堂检测，教师引导学生及时反思和总结。

（六）课后巩固阶段

学生通过大数据平台完成教师推送的作业，并及时收集错题。值得注意的是，大数据平台通过对学生单元学习评价的数据分析，能实现基于知识图谱的个性化学习诊断，从而帮助学生分析错题原因，推送相匹配的微课讲解和难度适中的习题资源使学生进行针对性学习。

二、高中数学复习课智慧课堂实施路径

智慧课堂旨在培养学生思维，推崇学生成为学习主体、教师着眼发展的理念，倡导学生独立探究数学知识的能力。通过更多智能化技术与设备的介入，智慧课堂可以更大程度地强调知识的时效性和针对性，更注重知识的掌握情况与学生学情的及时反馈，促进师生、生生的交流，实现课堂互动的多元化和立体化，弥补传统课堂单一化、拓展性不足的缺点。高中数学复习课是高中数学课堂的重要组成部分，学生对知识已经有一定的认知，复习课应旨在提高学生学习效率，强调知识的认知深度。基于智慧课堂的高中数学复

习课（教学流程图见图 3 - 2）更注重学生"探究—归纳—论证—应用"的过程，重点体现在以下六个方面。

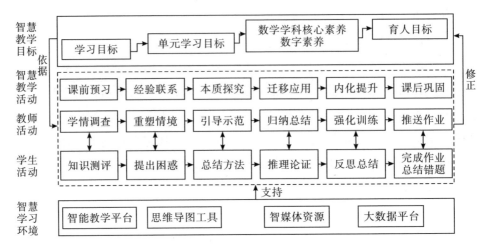

图 3 - 2　基于智慧课堂的高中数学复习课教学流程图

（一）课前预习阶段

课前教师根据复习课内容在智能教学平台推送针对性练习题，学生利用大数据平台完成练习题，提出自己在练习中遇到的困惑，教师利用大数据诊断学生对知识点掌握情况，更有针对性地设计复习课内容。

（二）经验联系阶段

由于是复习课，学生已经掌握大部分数学概念与技巧，所以可以借助已有的数学问题作为情境，唤醒学生记忆中的知识，并加以强化。并针对学生提出的困惑，调整复习内容。

（三）本质探究阶段

借助智慧课堂教学平台，教师展示问题应用情境，并引导学生对已有数据进行观察和分析，当学生遇到困惑时，可以进行小组讨论，当无法解决困难时，教师可以给予更多的引导与示范，如可以利用计算机软件生成相应图形或函数，也可以利用计算机技术的便利性，提出正例与反例供学生参考，通过对正、反例的对比分析，帮助学生探寻其中的数学规律，并明确知识的适用范围，总结解决问题的数学思想方法。

（四）迁移应用阶段

学生已经总结出解决问题的方法，可以先让学生提出该方法能适用的数学情境，以强化对知识的理解与运用能力。其次，教师可以提出与知识点相应的生活问题，鼓励学生借助计算机技术，运用所学的数学知识进行数据验证，或者提出新的解决方法。亦可以鼓励学生思考在改变某些条件时，利用信息化技术验证结论是否仍然适用，对知识进行适当的引申，更能拓展学生对知识理解的宽度。

（五）内化提升阶段

大数据平台根据学生学习情况，推送相应练习，学生课堂上完成，再次反馈数据，教师通过数据分析，了解学生课堂的掌握程度，有针对性地引导学生及时反思和总结。当学生遇到无法理解的疑点或难点时，教师可以及时给予指导，保证知识学习的时效性。

（六）课后巩固阶段

学生在课堂上习得知识的掌握程度还需要通过课后作业来加强，教师结合大数据，对学生学情进行评估，大数据平台根据具体情况推送教师设定内容的作业，学生在课后及时完成，并及时反馈学习情况。为了提高学习的时效性，教师设置大数据平台的智媒体资源，及时推送相应的微课讲解和对应习题资源，学生及时解决疑点或难点，并积累作业错题，完善思维导图，实现知识的积累与巩固。

三、初中数学探究新授课智慧课堂实施路径

初中数学课的学习过程主要包括课前预习、课中学习和课后巩固三个阶段。针对课前预习、课中学习和课后巩固三个教学环节的不同特点，我们以"微课"和"自主学习任务单"为依托，以导学为方法，设计网络环境下学生进行自主学习、合作学习、移动学习和个性化学习的过程以及教师组织教学的过程，构建了初中数学探究课智慧课堂实施路径（教学流程图见图3-3）。

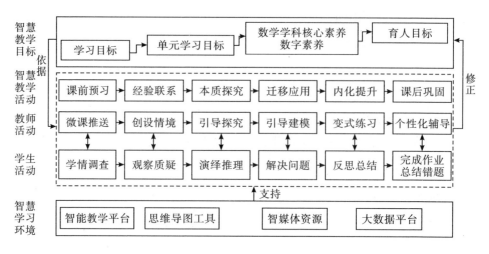

图 3-3　基于智慧课堂的初中数学新授课教学流程图

（一）课前自主学习阶段——"洋葱数学"平台发布预习视频和练习

在课前自主学习阶段，推送资源应以短小精悍的微视频为宜。如洋葱数学的动画微课，单元新课引入 3 分钟左右，新授课预习 5～8 分钟，并且在选材设计上也很具有趣味性，可以作为学生的课前预习帮手。本阶段中的任务派发是强调任务驱动和问题导向。所以教师派发的任务一定是几道有针对性的具备反馈意义的练习题，可以利用洋葱微课配套的 4～5 道题。学生通过反复观摩微课，完成在线练习，从而生成个人的预习情况报告（见图 3-4、图 3-5）。教师再根据全班的预习学情报告，进行第二次备课。从而在课堂中进行有针对性的突破，教师会更有效地与学生进行一对一的交流。

图3-4 通过洋葱数学发布预习习题　　　　图3-5 预习习题学情报告

（二）课中合作学习阶段——"希沃"课堂活动提高新授课的生成性和交互性

在课中合作学习阶段，教师要擅长利用"互联网＋"等智慧互动平台，为学生创设生动形象的学习情境，拉近生活与理科教学的距离，让学生置身其中，启发强烈的学习愿望。在新授课探究环节中，学生与教师共同合作探究，以学生为主体，教师充当引导角色，充分调动课堂的积极性（见图3-6）。

图3-6 希沃互动游戏

教师利用智学网等软件提前将测试题准备好，预设测试时长，学生在规定时间内完成所有试题并提交，教师可以在教师端及时查看测验的反馈情况，了解全班同学的学习状况，从而更有针对性地一对一个性化教育

（见图 3 - 7）。

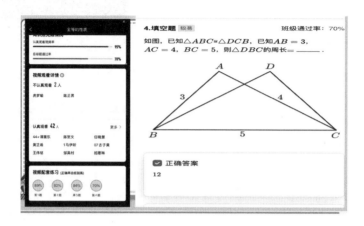

图 3 - 7　学生课答题情况

（三）课后个性复习阶段——"智学网"大数据反馈，评价新授课教学效果

在课后个性复习阶段，智学网等软件可通过课前练习及当堂测试，生成个性化手册，记录学生的错题，并推送变式练习。教师也可以通过学生课前和课中的表现，在智学网上分层推送作业，从而实现个性化教学。

1. 教师发布课后练习

教师使用智学网发布课后练习（见图 3 - 8）。

图 3 - 8　教师发布课后变式练习

2．课后练习效果分析

课后练习效果分析见表 3 - 1。

表 3 - 1

项目	初三（1）班	初三（2）班
参与人数	应交 46 人，实交 46 人	应交 44 人，实交 44 人
初次完成平均耗时	10 分 24 秒	10 分 55 秒
平均分（初次/重做）	45.1 分/48.7 分	44.1 分/47.7 分
最高分（初次/重做）	52 分/52 分	52 分/52 分
最低分（初次/重做）	37 分/45 分	38 分/47 分
正确率＞90% 的题号	1、2、3、4、5、6、7、9、10、11、12、13	1、2、3、4、5、6、7、9、10、11、12、13
正确率≤90% 的题号	8（89%）、14（83%）	8（89%）、14（87%）
薄弱知识点	平行线性质、全等三角形的性质	平行线性质、全等三角形的性质

3．讲解

教师对错题有针对性地讲解，学生重做错题、查漏补缺。

（四）课堂教学模式评价

对智慧课堂初中数学个性化教学模式的实际效果进行检验，包括对学生的成绩进步、上课状态进行行动研究，从而对理论效果进行验证。

1．通过行动研究，对理论效果进行验证

我们以 2021 届初三（1）班和初三（2）班为例，对实验组和对照组进行数学学科单元测试，并对两组的成绩进行了分析，图 3 - 9 为两个班级的成绩对比。

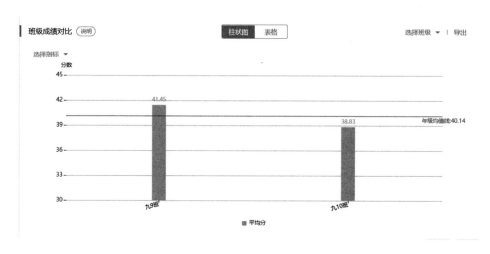

图 3-9　实验组和对照组的单元测验成绩对比

如图 3-9 所示，与控制组相比，使用智慧课堂教学后，实验组的平均分比对照组高 2.62 分，可见该模式对学生的学习成绩有一定的促进作用。

2. 大数据精准教学，提供个性化教学手册

针对数学学科的特点，借助智慧课堂的优势加以调整，形成初中数学新授课智慧课堂教学模式。智学网等软件可以通过学生完成的平时课堂练习和单元练习，生成个性化手册（见图 3-10），记录学生的错题，并推送变式练习。教师可以通过大数据分析班级学情报告手册（见图 3-11），及时了解班级整体情况和每位同学具体学习情况，有针对性地开展精准教学和个性化教学。

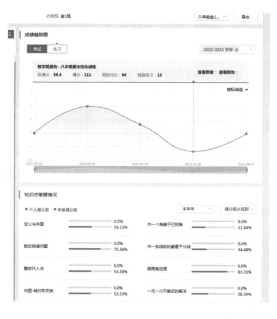

图 3-10　学生个性化成长手册

图 3-11　班级学情报告手册

第三节　核心素养导向的数学智慧课堂案例分析

《隐藏的圆锥曲线——圆锥曲线与立体几何融合问题》智慧课堂教学案例

学校名称：广东华侨中学

执教教师：郭庭光

所属学科：数学

教学对象：高中三年级学生

课程学时：1

一、案例设计背景与目的

《普通高中数学课程标准（2017 年版 2020 年修订）》提出高中数学教学活动的关键是启发学生学会数学、会用数学，教师应当结合教学内容落实"四基"，培养"四能"，将核心素养贯穿于数学教学的全过程。而在"四基"中的基本活动经验是最容易被学生和教师所忽略的，这是因为数学学科本身的特点决定数学课堂必须更加重视纸笔的演算和逻辑推理。虽然每一堂课教师都会精心设计与生活环境、知识背景密切相关的情景引入，但是高中学生的学情决定了其学习数学时不可能完全脱离经验进行研究的逻辑推理，一切的知识不能完全依赖教师的讲解，学生必须主动去体验、实践并积累丰富的感性经验，以理解高度抽象的定义和逻辑。如果在数学教学中能有目的地展开数学活动，让学生在看得见、摸得着的情况下学习数学，就能更有目的性地驱动学生在数学活动中积累隐形经验。如何在课堂中通过数学活动为学生架起连接抽象逻辑的桥梁，需要教师精心设计课堂教学内容，把要学的课堂知识逐步分解，层层设问，引导学生不断主动发现问题和解决问题，形成数学活动，建构新的数学知识，形成数学思想方法，完成活动经验累积，达成培养核心素养的目的。

二、教学理念

在形式上，本课程是基于智慧课堂技术开展的数学复习课，教师借助智能媒体指导学生完成实物操作来完成教学，强调和培养学生的直观想象能力，动手操作能力，数学探究能力。

在内容上，本课程通过对旦德林（Dandelin）双球模型原理的分解和重构，设计层层递进的问题串，鼓励学生独立思考，自己一步步解决问题，同时通过动手活动、合作探讨、对比、思考、分析，最终找到最合适的解决方法，通过这样的过程，培养学生独立、认真、仔细、合作、踏实的科学态度和不怕困难、勇于挑战、持之以恒的探究精神。学生的综合实力往往是在问题解决过程中形成的，也只有让学生充分感受解决问题的过程，才能够真正丰富学生的情感体验，从而为学生的可持续发展打下坚实的基础。

三、教学内容分析

本节课是一节基于智慧课堂教学的数学复习课，课堂定位是学生复习完圆锥曲线后，根据教材的阅读资料提供的旦德林双球圆锥模型引申出对圆锥体的旦德林双球模型的推广与探讨。近几年高考数学命题更加注重对课本阅读材料的理解，这节课就是通过活动的形式带动学生去体会如何从材料里获得新知识，并解决新问题。本节课的主要流程是：引入圆柱体的旦德林双球模型→探究活动：猜测切面的焦点→利用定义证明切面是椭圆→探究活动：切面圆柱体的性质→评价总结。

四、教学目标

（1）能描述旦德林双球模型的定义。
（2）感受旦德林双球法的巧妙构造。
（3）体会数学源于生活，并服务于生活。体会数学之美。
（4）初步尝试从生活现象中抽象数学模型，解决模型的数学研究方法。

五、教学重难点

重点：理解旦德林双球模型的证明思路和原理。
难点：运用旦德林双球模型以及切面圆柱体的性质去解决具体的问题。

六、学习者特征分析

1．学生能力
授课对象为广东华侨中学高三（3）班学生，该班是"历史创新班"，自主学习能力较强，有一定数学基础，但多数同学计算能力、逻辑推理能力、空间想象能力较弱，面对圆锥曲线和立体几何的综合型题目显得束手无策。

2．学习的期待与挑战
学生临近高考，有学业上的压力，学习主动性较强，对知识有渴求，能够充分参与课堂活动，并积极回答问题。但是由于是历史创新班，相对而言理科思维较薄弱，特别在面对圆锥曲线得分不高的题目时，心态上容易气馁，需要教师更多的鼓励和引导。

3．教学活动开展的基础
学生已经复习过圆锥曲线的基本性质，对圆锥曲线知识点有较好的理解，同时对立体图形有基本的直观想象能力，学生自身有一定动手能力，能够积极主动参与到课堂。

七、教学环境、工具及资源准备

1. 教学环境
学校课室，多媒体教学平台，学生平板。

2. 教学工具
GEOGEBRA 作图软件、WPS 多媒体课件、希沃授课助手、智学网学习平台、影音播放软件等。

3. 资源准备
授课课件，学生学案。

八、教学过程

教学过程如下（见表 3-2）。

表 3-2

教学环节	起止时间	环节目标	教学内容	学生活动	媒体作用及分析
课前预习	提前一天	复习圆锥曲线概念	1. 在智学网发布3道圆锥曲线与立体几何结合的题目，请学生限时完成，反馈疑问。 2. 在智学网发布《阿波罗尼奥斯与圆锥曲线》的视频微课，布置给学生观看	通过智学网完成预习任务：完成3道难度中等但不易得分的题目，确定学生疑惑点；观看图文并茂解读《阿波罗尼奥斯与圆锥曲线》的微课视频	1. 教师可在课前及时批改全体学生的解题过程，线上批改并留言、纠正，从学生作业中发现问题，及时调整授课思路。 2. 图文并茂的微课辅助学生理解圆锥曲线的产生

续上表

教学环节	起止时间	环节目标	教学内容	学生活动	媒体作用及分析
导入	0′—2′	激发学生情怀兴趣，明晰本课学习重点	教师从教材的章节封面出发，带学生回顾如何从圆锥体中截出椭圆、抛物线、双曲线，然后启发学生把圆锥体更换成圆柱体曲线会不会有所改变。在引入部分，由于学生学情的限制，学生可以模糊地意识到圆柱体截出来的图形应该是一个椭圆形，但是要求学生立刻证明出来是不太现实的。所以在引入阶段，教师更加注重鼓励学生大胆猜测再小心求证，因此求证切面边缘的曲线是椭圆需要最基本的方法，就是定义法，教师只要通过层层递进的设问，学生就能回想起椭圆的定义，并抓住定义的关键点——焦点	从教师 PPT 展示的图片唤起学生对知识的好奇心，明确课堂情境和学习重点：圆锥曲线是如何截取得到的，又如何证明 椭圆 (ellipse) 抛物线 (parabola) 双曲线 (hyperbola)	多媒体课件上丰富的图片让学生直观感受探寻圆锥曲线奥秘的乐趣

续上表

教学环节	起止时间	环节目标	教学内容	学生活动	媒体作用及分析
任务一 探究切面边缘曲线的焦点位置	2′—12′	确定切面边缘曲线的焦点位置	由于学生空间想象能力本身就偏弱，如果能借助实体模型进行对比思考，对帮助学生理解证明和性质是很有意义的，因此在课前就要求学生利用锯纸筒的方法做好自制教具，并利用纸筒和球让学生模仿制作一个简易的圆柱体旦德林双球模型。通过实体的教具，把截面边缘上的椭圆用印泥印在纸面上，同时纸面上也会印出圆柱体内切球与切面间的切点，学生根据经验，自然会联想到切点就是切面椭圆的焦点，为接下来的证明做好了铺垫，起到了承上启下的作用	1. 在平板上查看辅助资料，观察旦德林双球模型的变化，尝试找出其中的规律。 2. 小组内积极讨论，在教师巡堂时可与之平等对话，表达自己的看法。 3. 每小组推荐一位代表发言，利用希沃授课助手上传学案，向全班分享自己的分析与见解。 4. 通过教师的引导，利用纸筒和球，学生模仿制作一个简易的圆柱体旦德林双球模型，把截面边缘上的椭圆用印泥印在纸面上，同时纸面上也会印出圆柱体内切球与切面间的切点	1. 用平板展示实现空间图形可视化，方便学生理解抽象的立体图形，培养学生直观想象的能力。 2. 利用希沃授课助手把学生笔记上传到教室平板，可拖动、放大、做标注，方便分享与点评

续上表

教学环节	起止时间	环节目标	教学内容	学生活动	媒体作用及分析
任务二 用定义证明截面是一个椭圆	12′—25′	用定义法证明切面边缘曲线是椭圆	教师引导学生完成证明过程。 证明：设 P 是切面轨迹上的任意一点，则 $$\begin{cases} PF_1 = PM \\ PF_2 = PN \end{cases}$$ $$\Downarrow$$ $$PF_1 + PF_2 = PM + PN = MN$$ $$\Downarrow$$ $PF_1 + PF_2 = MN$（定值）$> F_1F_2$ 	1. 在平板上查看资料，尝试书写证明过程，并分组派代表通过希沃授课助手分享上传自己的证明方法。 2. 在平板上参与投票，同学们票选认为正确的证明。 3. 同学上台讲解自己的证明方法	1. 智能平板的投票功能调动学生参与选择认为正确的方法；帮助教师迅速了解学生的掌握情况。 2. 利用希沃授课助手把学生笔记上传到教室平板，可拖动、放大、做标注，方便分享与点评
任务三 探究切面圆柱体的性质	25′—40′	测量实物通过分析总结得到切面图形的基本性质	本部分是课堂的第二次探究活动，探究的性质分为两部分，第一部分是帮助学生理解切面圆柱体上的椭圆的短轴长等于底面圆的直径，第二部分是帮助学生理解切面角度与椭圆离心率的关系。这个结论对于空间想象能力偏弱的学生来说	1. 学生利用手中教具，测量并完成下表，并利用希沃授课助手分享自己的数据，对比其他同学的数据，小组讨论数据之间有什么内在意义。	1. 利用媒体共享数据，并展示数据，不同同学测量的数据之间有一定的差异，辅助学生探究。

续上表

教学环节	起止时间	环节目标	教学内容	学生活动	媒体作用及分析
任务三 探究切面圆柱体的性质	25′—40′	测量实物通过分析总结得到切面图形的基本性质	是比较难理解的，基础较弱的学生在解类似题目时难以找出隐藏条件，通过设计此探究活动，可以帮助学生体会其中原理，最后辅以动图展示，对性质有更深刻的理解。在具体操作上，采用测量的方法，并记录完成表格，最后让不同的同学展示自己的数据，通过对比他人数据的异同，总结出一些规律，对于学生来说是很有说服力的。当然，测量过程难免会出现测量失误和测量误差，因此需要对同学们进行适当的数据分析，这也是学生必须掌握的基本统计素养，教师可以借此培养学生对数据的敏感度，这也符合高考命题越来越灵活运用的发展趋势	长轴长 $2a$ 短轴长 $2b$ 焦距 $2c$ 底面圆直径 $2r$ 2. 观察数据，分析数据得到结论：截面椭圆半短轴长＝底面圆半径长即 $b=r$。 3. 在平板上完成例题练习。 4. 学生关注圆柱体上线段 AC、AB、BC，完成表格，分享自己的结论，并再次探寻其中规律。 | 圆柱	椭圆
---	---
1. AC	
2. AB	
3. BC		 5. 总结得到切面角度和椭圆离心率的关系： $\sin\alpha = \dfrac{c}{a} = e$	2. 打破与教师、同学交流的时空界限，有助学生利用起零碎时间，高效学习、减负增效。 3. 例题正确性的及时反馈，可以了解学生的掌握情况

九、学习评价设计

布置课后探究任务：

利用课堂上得到的结论："切面角度和椭圆离心率的关系：$\sin \alpha = \dfrac{c}{a} = e$"，尝试探究并总结切面圆柱体的其他性质。

（1）椭圆的"圆"和"扁"与切面的角度有没有联系，能否通过作图说明。

（2）如果把圆柱体换成圆锥体，哪些性质会发生改变，能否用上课的方法通过作图说明。

十、教学创新与亮点特色

1．利用智慧课堂技术推送课前练习

课前时间不再是简单的翻书或者对公式定理的回顾，而是通过布置课前预习作业，利用大数据平台反馈，教师提前掌控学生的疑问点，帮助教师精准备课。

2．利用智慧课堂技术推送课前微课

学生观看微课，是课前的热身，了解课堂的应用背景，同时遇到知识薄弱点时能在课前完成知识查阅，提高学习效率。

3．以问题链构成课堂任务，保证课堂高效有序地进行

教学设计注重问题链的设计，把课堂研究的重点拆散细分成子问题，设置课堂活动，学生带着任务去学习。

4．善用平板共享信息，展示学生成果

5．善用平板信息收集功能

探究数学问题需要研究数学，但是课堂时间有限，可以利用分组的形式，让学生分工合作，利用平板的信息收集功能收集学生得到的数据。

6．善用平板推送功能

教师善用平板推送功能，向学生推送学习任务与学习资源，利用大数据的分析，实现有针对性的推送，实现分层教学。

7. 善用平板的反馈功能

教师推送课前练习和课后作业，学生在平板上及时上交，教师及时批阅，及时反馈。

8. 善用智慧课堂的评价机制

学生课前练习、课中练习以及课后练习，智慧课堂都会有相应记录，帮助学生积累错题，指出学生薄弱的知识点，学生利用评价反馈，更好地理解自身的掌握情况，并针对性地进行学习纠错。

十一、教学反思

1. 重视智慧课堂提供的信息技术

智慧课堂结合信息技术旨在提高课堂教学效率，善于利用智慧课堂可以更加合理地开展数学活动，突破教学的重点难点，利用及时反馈的大数据平台，准确把握课堂进度，当然智慧课堂对课室内的硬件要求比较高，教师为保证课堂顺利进行，必须提前做好软硬件的测试。

2. 教学设计始终以学生为主体

数学课堂不能过于强调数学知识的深度，而应是改变学生对数学课堂的体验，帮助学生从被动接受知识转变成主动参与活动探究。教师应该关注教科书上活动探究的知识延伸，注重更广的知识面，提高学生的参与度，教师要在日常工作中不断积累数学教学素材，搜集与设计有趣的数学知识点，注重学生数学求知欲的培养，拓宽学生数学视野，充分调动学生学习数学的主观能动性。

3. 利用任务链驱动的形式衔接课堂，让学生体会数学课堂的趣味

学习活动的设计应该注重趣味性和学生完成任务后的成就感，教师根据学生具体学情，在设计数学活动中要注重活动的可操作性和指向性，活动与活动之间要遵循先后顺序，并设置线索把多个活动紧密地连接起来。因此，在活动设计中应该明确学习目标，学生开展活动时才不会因为不知所措而无事可做。

4. 落实数学学科核心素养的目标达成

在数学课堂上落实数学学科核心素养，就必须设计适当的数学活动，而学生进行数学活动的过程有一定随机性，教师可以利用随机性让学生探究共性问题，如展示多组数据，让学生去找不同的数据中是否蕴含不变的规律，引导学生对数据进行质疑与思考，锻炼学生思考与判断能力。基于智慧课堂的高中数学教学探寻课堂教学的更多可行性，更重视学生的学习体验，鼓励学生运用所学知识解决遇到的问题，利用学生完成探究后的成就感，加深其对数学的热忱。

十二、案例推广办法与经验总结

（1）教师需要研究课本中一些阅读材料，通过查阅资料，选取适合学生难度的知识，设计教学活动。

（2）教师要善用智慧课堂提供的信息化技术，在教学设计时注重利用大数据平台的反馈机制，在课堂教学的过程中多设计学生分享的活动，收集和展示不同学生的不同解决方法，形成思维的火花，多鼓励学生去对比不同方法之间的优劣性。

（3）教师需要善用课前与课后的时间作为课堂教学的延伸。课前微课既可以引起学生的兴趣，也可以为课堂教学做铺垫，保证课堂的顺利进行。课后是学生探究的好机会，鼓励学生多进行课后探究，可以用小组合作的方式降低探究的难度。

（4）智慧课堂技术只是起到课堂教学的辅助作用，并不意味着课堂的一切都必须使用智慧课堂，应该保持课堂形式的多样性。本案例中，教师指导学生动手制作教具，学生通过动手活动，确切地感受和体会切面的形状，并通过测量找出规律，总结出性质。这不仅使得课堂变得生动有趣，还能帮助学生去理解一些原来难以理解的原理。最后通过相关知识点，帮助学生发现数学在现实中的应用，深刻体会数学之美。

（5）教师要注重课后反思以及保持与学生交流，智慧平台技术就是一个很好的载体，除了布置课后练习，还可以借助平台让学生给教师留言，让一些不敢在课堂上发言的学生也能有与教师交流的空间。

第四章
核心素养导向的英语智慧课堂

第一节　核心素养导向的英语智慧课堂特征分析

普通高中英语课程强调对学生语言能力、文化意识、思维品质和学习能力的综合培养。核心素养导向的英语智慧课堂应充分利用智慧学习环境创设具有综合性、情境性、关联性和实践性的英语学习活动，使学生通过学习理解、应用实践、迁移创新等一系列融语言、文化、思维为一体的活动，获取、阐释和评判语篇意义，表达个人观点、意图和情感态度，分析中外文化异同，发展多元思维和批判性思维，提高英语学习能力和运用能力。

一、知识体系最优化

英语学科知识具有核心素养的价值和作用，是英语核心素养养成的重要载体。本质化和结构化的学科知识有利于学生对学科方法的掌握以及思维的发展。英语学科的核心素养包括语言能力、思维品质、文化意识和学习能力四个维度。基于大数据技术支持下的知识图谱技术能围绕学科主题对学科知识结构最优化处理，有利于学生构建学科知识图谱，掌握学科方法，发展学科思维，实现学科知识向学科核心素养转换。

二、认知工具丰富化

知识转为素养的重要途径是情境。在人工智能的推动下，媒体呈现智能化，即智媒化，有利于创设生活化的学习情境。英语智慧课堂能为英语学习者提供包含英语解答微课、英语课堂课件、英语视频、网页等丰富媒体资源，并能够按照学生需求进行智能化推送，这能注重学生自主学习能力以及英语应用能力的培养，营造一个能进行交际实践的学习环境，并充分利用现有的教学手段，努力扩大学生的知识面，帮助学生建构自己的自主学习模式，这能体现英语学科教育的人文性，激发学生高水平认知投入，有利于他们在活动中获得高级认知技能。

三、交互活动协同化

英语学科素质教育的内容，主要是让学生通过听、说、读、写等方面的语言实践活动去发展英语语言能力，培养良好的心理品质和思想道德品质。学习活动是智慧课堂核心素养形成的主要路径。学生通过智能教学平台的问题链驱动以及任务群的引导协同完成任务，实现学科方法应用与创新。人机、师生、生生之间通过平台实现无障碍的沟通与交流，碰撞出更多思维火花。

四、资源推送个性化

英语教学应强调使学生形成以交际能力为核心的英语语言运用素质。传统课堂教学，一名教师面对几十个学生，主要围绕相关的英语知识点来展开，很难及时把握和照顾每个学生的个性特征和个性化需求，利用大数据和人工智能技术可以使教师全面了解每个学生的学习行为和效果等数据，并进行个性化指导和资源推送，实现"因材施教"。借助知识图谱技术支持下的测评系统，还可以帮助学生把单元知识点联系起来，促进他们对单元知识结构的认知，最终从根本上提升能力。

五、评价反馈实时化

对于学生，核心素养具有整体性和进阶性，往往需要包含若干课时的单元学习才能实现一定发展，大数据平台能实现教学评价即时反馈，不断激励学生持续、高效参与单元学习活动；对于教师，通过实时教学评价数据反馈，教师能及时调整课堂教学行为和策略；对于管理者，课堂实时监控平台能及时把诊断报告反馈给教育管理者，为全校开展高效课堂提供数据参考。

六、作文批阅智能化

作文智能化批改进行量化评价、过程评价，运用数学、统计学工具，收集、处理评价对象资料，通过数量化的分析和计算，进而对评价对象做出价值判断。智能作文评改可以搜集学生每次作文的分数、字数及作文能力雷达图，并形成班级作文的平均分、平均字数及班级作文能力雷达图，年级作文平均分、平均字数及年级作文能力雷达图，由此可以推断出学生在班级及年级的作文水平，班级作文教学出现的差异，同时还可以获取学校作文教学总体情况，促进作文教学有序、对标、得法、高效地开展。

七、听说读写情境化

活动是英语学习的基本形式，而践行英语学习活动观是落实学科核心素养、实现学科育人的重要举措。听说读写情境化使英语教学与学生的阅历、生活环境和习惯等相结合，重视学生思维能力的提高和文化意识的培养，从运用教材、改造教材到最终跳出教材，把课堂活动化、趣味化、情境化，促进学生个性化发展。

第二节　核心素养导向的英语智慧课堂模型建构

一、高中英语阅读课智慧课堂实施路径

英语阅读在英语教学中的位置举足轻重，阅读不仅是英语学习的主要手段，也是平时获取信息的重要手段和途径。在各类英语学习反馈中的重要性

也不言而喻。然而，在平时的教学过程中，阅读仍是让学生感到头疼的问题，诸如阅读的兴趣不高、方法不当、缺少动力等，如何在新课标及核心素养的助推下改进、提升英语阅读教学已经成为摆在英语教师面前的一项重要任务。结合正在使用的平板教学资源，在基于学情、整合教材、平板互动等前提下，英语教师能调动学生的阅读兴趣，突出对语篇的理解，重视语篇文化的内涵，来逐步培养起学生各种阅读技巧，从而帮助其树立起科学合理地安排自己生活及学习的意识。英语阅读课的智慧课堂教学流程（见图4-1）包括以下六个阶段。

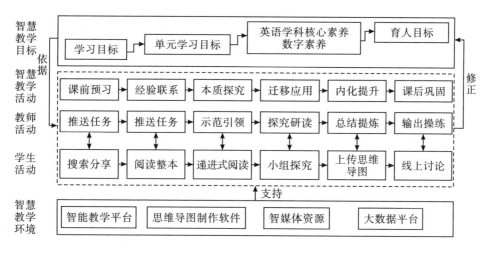

图4-1　基于智慧课堂的英语阅读课教学流程图

（一）课前预习阶段

教师课前利用智慧平板给学生布置预习作业，让学生查阅文章相关的背景知识并记录，或者进行重点词汇与句型的学习，以备课堂分享。学生完成相关任务并反馈。根据反馈，教师可以看到学生的预习情况，精准判断学生的阅读水平，合理调整课堂教学设计。

（二）经验联系阶段

教师使用"屏幕推送"功能将文章推送到学生平板上，引导学生进行快速阅读，这能帮助学生在短时间内大致了解英语阅读文意。在快速阅读后，以文章主线脉络为主设计问题，学生答题后及时反馈出初步阅读理解的情况。

（三）本质探究阶段

教师根据学生前阶段大体情况，示范引导学生深入阅读文章的第一部分，将文章仔细研读，并以细节问题为主，引导学生理解文章的细节关键信息，加强学生对于文本语言意义的理解，甄别核心语言点，将"在线互动题目"以平板形式发送给学生，进行递进式阅读。

（四）迁移应用阶段

在此阶段，教师指导学生利用前一阶段学习的阅读技巧，以小组为单位对文章余下部分进行学习探究。教师通过互动性的课堂教学活动，提升学生参与阅读的积极性，将静态阅读转变为动态阅读，提升阅读教学效率。

（五）内化提升阶段

教师将书面阅读形式转变为立体化阅读，激发学生的阅读学习积极性，培养学生掌握阅读技巧，养成良好阅读习惯。教师指导学生以思维导图方式对文本进行总结提炼，用智慧平板上传思维导图，为阅读后的拓展打好基础。

（六）课后巩固阶段

课后活动强调课堂核心内容的输出，是检验学生一堂阅读课学习效度的手段之一。教师引导学生运用本堂课输入的知识开展"学以致用"的输出性操练，基于文本话题进行线上讨论，锻炼学生们在本节课学到的目标语言和文章话题并提高学生的文化核心素养。

二、高中英语作文课智慧课堂实施路径

作文课是信息输出与反馈的重要过程，是对阅读内容的深化巩固。在写作过程中，学生基于对已学知识的反思回应，内化理解，形成自己的观点后表达思想，从而融合实际，迁移创新。因此，英语作文课是培养学生英语学科核心素养、实现课程目标、落实立德树人根本任务的重要环节。基于智慧课堂的英语写作教学模式突出体现学生学习的主体地位，为学习者自主学习、自主探究及小组合作学习提供便捷的工具与环境，辅助学生动态自我构建英语写作知识与技能。该作文课教学模式强调过程性和连续性，以读促

写，读写共生，利用智慧课堂现代技术，让学生于主题意义引领下，与真实世界真实场景进行互动。该作文课的智慧课堂教学流程（见图4-2）包括以下六个阶段。

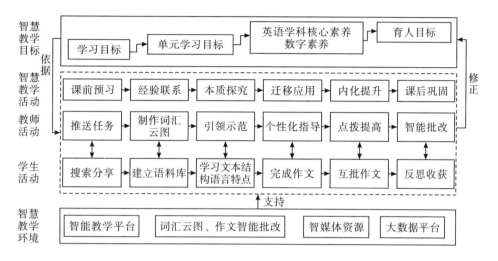

图4-2 基于智慧课堂的英语作文课教学流程图

（一）课前预习阶段

教师课前布置基于单元主题意义探究的写作话题，以解决真实情景问题为标准，务必体现写作的交际性、真实性。学生利用互联网搜索相关文献或视频资料，也可以通过采访、讨论来收集观点，通过班级网络社交平台分享、留言、讨论。

（二）经验联系阶段

教师基于学生分享整理的资料，利用词汇云图软件生成词汇云图；学生在小组活动中利用词汇云图收集话题常用语料，利用电子词典查单词，学习词汇使用规则，然后进行整理归类，建立语料库。该阶段旨在为下一步写作铺垫词汇基础。

（三）本质探究阶段

教师引导学生学习写作目标体裁文本，重点探究文本的体裁特征、语言风格和行文逻辑。学生通过学习写作范例，总结文本结构和语言特色，以思维导图形式呈现，并利用智能教学平台分享展示。教师可以邀请学生互相点评，或是通过展示互相讨论补充，动态生成最全面的思维导图向全班展示。该阶段旨在为下一步写作铺垫框架结构。

（四）迁移应用阶段

学生结合语料库和文本框架完成作文，并上传至网络平台。教师给予个性化指导。

（五）内化提升阶段

该阶段教师指导学生展开互评，由教师提供清晰可操作的评价标准。教师设计评价标准时，要侧重于文章结构、逻辑顺序和具体内容。学生两两分组，对照评价表的项目逐一进行互评。评价是高阶思维，是促进写作能力的有效手段，在互评阶段，学生完善写作思路，相互学习，相互修正。

（六）课后巩固阶段

学生根据互评情况，课后修改自己的作文，再将作文提交至智能批改网站或软件，如批改网、爱写作等。智能批改平台进行作文评分、生成评语、按句点评、错误反馈。学生纠错，反思收获。该阶段的评价侧重于语法、词汇的正确使用。学生可以反复修改作文，上传批改。通过比较反思，内化语言知识。

三、高中英语听说课智慧课堂教学实施路径

英语学科核心素养主要由两部分组成：其一是必备品格，包括文化品格和思维品质；其二是关键能力，包括语言能力和学习能力。其中，语言能力是指在社会情境中，以听、说、读、看、写等方式理解和表达意义、意图和情感态度的能力。基于智慧课堂的英语听说教学模式强调借助智能学习环境创设真实情境，引导学生在任务驱动、角色扮演和反思总结中提升综合语言运用能力。英语听说课的智慧课堂教学流程（见图 4-3）包括六个阶段。

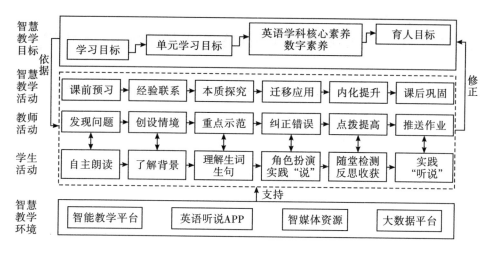

图 4 - 3 基于智慧课堂的英语听说课教学流程图

（一）课前预习阶段

学生完成大数据平台或者英语听说 APP 朗读检测。教师查阅学生朗读情况。

（二）经验联系阶段

教师利用智媒体创设真实问题情境，学生熟悉课文相关背景知识。

（三）本质探究阶段

学生通过智慧课堂教学平台提交生词和生句，教师做重点示范发音或者朗读。

（四）迁移应用阶段

教师组织学生通过角色扮演方式进行"说"实践，教师或智能教学平台及时纠正学生存在的问题。

（五）内化提升阶段

学生完成"听说"随堂检测并反思收获。

（六）课后巩固阶段

学生再次通过大数据平台完成"听说"作业。如果系统自动评分较低，学生需再次练习。

第三节　核心素养导向的英语智慧课堂案例分析

Book 4 U1　People of achievement-Reading and Thinking 智慧课堂教学案例

　　学校名称：广东华侨中学

　　执教教师：余一秀

　　所属学科：英语

　　教学对象：高一（6）班

　　课程学时：40 分钟

一、案例设计背景与目的

　　《普通高中英语课程标准（2017 年版 2020 年修订）》明确提出："教师应重视现代信息技术背景下教学模式和学习方式的变革，充分利用信息技术，促进信息技术与课程教学的深度融合。"英语教学与信息技术的深度融合，要运用技术手段，提供一种信息化的教学环境，构建"以教师为主导，以学生为中心"的课堂教学模式。目前英语写作课堂中信息技术应用较多体现为视频、音频的播放，图片文字的展示。信息技术的应用流于形式、浮于表面，缺乏互交性和过程性，仍未能改变传统的教学模式与学习方式。本课例尝试融合互联网、思维导图制作、智能教学平台等现代信息技术，旨在拓宽学生学习渠道、促进学生多元思维、提升学生学习能力，使英语学科核心素养落地。

二、教学理念

　　英语学习活动观：英语教学要"创设具有综合性、关联性和实践性的英语学习活动，引导学生采用自主、合作的学习方式，参与主题意义的探究活动，并从中学习语言知识，发展语言技能，汲取文化营养，促进多元思维，塑造良好品格，优化学习策略，提高学习效率，确保语言能力、文化意识、思维品质和学习能力的同步提升"。

主题意义探究：课程内容六要素的第一要素就是主题意义。新课标指出"英语课程应该把对主题意义的探究视为教与学的核心任务，并以此整合学习内容，引领学生语言能力、文化意识、思维品质和学习能力的融合发展"。

三、教材与教学内容分析

该语篇的题材属于专题新闻报道（news story）。这种文体时效性强，内容比简单的新闻播报更加丰富。从新闻报道层面来看，语篇内容客观、准确，使用具体数据来说明屠呦呦及其团队的科学研究过程的艰辛和发现青蒿素的伟大价值。从故事层面来看，本文注重通过描述人物的具体事迹，包括对人物语言的直接引用，来刻画人物形象。从叙事结构层面来看，语篇首先报道发生的重大新闻事件，与标题呼应，然后再详细报道其他相关的重要信息，如人物生平、事件发生的过程等。

四、教学目标

经过本课的学习，学生能够：

（1）通过观察和讨论开篇页，了解单元主题，明确本单元学习目标。

（2）阅读专题新闻报道，掌握该类型语篇的标题特征、结构特征和语言特点。

（3）了解诺贝尔生理学或医学奖获得者屠呦呦的生平和她发现青蒿素的主要研究过程，分析和探讨屠呦呦获奖的原因，理解我国传统中医药对人类健康和世界发展的贡献。

五、教学重难点

（1）总结归纳文本的结构、写作手法和主题词汇。

（2）用思维导图来进行文本分析。

六、学习者特征分析

本课授课对象为高一（6）班，该班是创新班，有学生 48 人。该班学生整体外向、开朗，平时阅读课已经学习并掌握了基本阅读技巧，但只有个别同学可以用英语流畅地表达自己的观点，绝大部分同学需要教师适时引导。学生们在理解和整合知识、逻辑推理和分析论证观点，以及批判评价方面的能力都较欠缺。

七、教学环境、工具及资源准备

1. 硬件环境
学校课室，多媒体教学平台，学生平板连接校内网络。

2. 软件工具
学生平板班级学习讨论群、互联网、WPS 多媒体课件、希沃白板。

八、教学过程

教学过程如下（见表 4-1）。

表 4-1

学习步骤	起止时间	学生活动	教师活动	媒体资源设计意图
Step 1 Lead in	0'—5'	听取教师对前置作业的分析，观察主题图	对前置作业内容进行分析，让学生观察主题图，导入单元话题	前置作业的细致数据分析能够确定学生的阅读水平，以本单元主题图引入，激发学生兴趣

续上表

学习步骤	起止时间	学生活动	教师活动	媒体资源设计意图
Step 2 Pre-Reading	5′—15′	1. 观看智慧平板推送的视频资料，并回答教师提出的问题： （1）What kind of person makes great discoveries? （2）Which is more important for making a great discovery, talent or effort? 2. Ask students to predict the content of the passage according to the topic and pictures on Page 2	指导学生观看视频，回答问题，为阅读活动做铺垫	以直观、清晰的视频作为输入途径，让学生对伟大人物有更深刻的理解
Step 3 While-Reading	15′—35′	1. Finish Exercise 3 on Page 3 Circle the answers to the questions below. 2. Answer （1）Why is passive voice often used in a news report? （2）Why does it contain more facts than personal opinions? 3. Analyse the structure of the passage	平板上发布题目，引导学生阅读全文，分析语篇，明确语篇主线（news + significance, research process, comment）	利用平板上的全班作答和抢答功能，扩充信息，增加教学的密度

续上表

学习步骤	起止时间	学生活动	教师活动	媒体资源设计意图
Step 4 Post-Reading	35′—40′	Talk in pairs, and make a mind map. 1. The advantages of TCM. 2. Why should we spread TCM to the world?	学生从浅层次的认知逐步深入到更高级别的了解,从而培养并提升他们理性思维的能力,引出人类命运共同体	利用平板拍照答题功能进行思维导图的展示、自评、互评、讨论和修改,体现反馈的深度和广度
Step 5 Homework	课后	1. Summarize Tu Youyou's great qualities. 2. Think:As a senior high school student, what kind of person do you want to be?	进一步探究语篇的主题意义,提升思维的高度	通过作业平台发送作业,进行及时反馈和监督

九、教学流程

热身/引入主题—探究学习—运用实践—综合运用—总结归纳。

十、学习评价设计

过程性评价为主,终结性评价为辅;教师评价与学生自评结合。

十一、教学创新与亮点特色

本节课将新技术应用于英语课堂教学，在教学组织形式上以小组讨论为主；在教学设计上以学生为中心，采用基于问题的教学方式，将文字、声音、图像融于一体，帮助教师突破重点，解决了难点；通过形象、生动的感官刺激，学生最大限度地发挥出潜能，在有限的时间里，全方位地感知更多的信息，提高教学效率，激活学习内因。教师在课前、课中和课后，恰当地选用不同的教学媒体（平板、白板等多媒体设备）和媒介，更好地把知识技能传授给学生，加快师生间的信息传递，优化教学过程，获得良好的教学效果，与单一的语言和文字媒体相比，这不但使课堂的教学容量增大，使教学质量提高，而且在课外，学生能自发、自主地利用师生网络学习平台等进行再学习，在知识的深度、广度方面也能得到拓展。

十二、教学反思

1. 教师需思考对学生使用新技术教学的适用性

学生需要具备一定的信息素养，并要熟悉新技术的运用，但高一学生的信息技术水平参差不齐，影响了教学效果。建议在信息技术课程中增加新技术运用的内容。

2. 教师应基于智慧课堂教学模式把握阅读任务的设定

教师应该基于智慧课堂教学模式，把握智慧课堂浅层次阅读学习过程中的误区，并在此基础上探讨高中阶段英语阅读学习的设计。为促进学生在智慧课堂学习模式下进行阅读的深入学习，教师应引发学生在阅读过程中的深层次思维活动，并为学生创设积极的深度学习情感体验。

十三、案例推广办法与经验总结

在多模态英语教学越来越普及的趋势下，英语课堂教学形式呈现多元化，越来越多的新科技元素注入英语课堂教学。通过大数据的采集和分析，教师可以了解学生回答所设问题的正确率，以及设计的问题是否合理等问题。智慧课堂技术不但能对阅读进行计时、设置多模态的理解检测方式，即时统计答题正确率的功能，将学生的掌握情况数据化呈现出来，也使得课堂阅读教学更高效。

这些大数据的分析，使得大班规模的阅读教学能够关注到学生个体的掌握情况，也使得小组分层次阅读得以实施开展。通过学生阅读数据的比对，可以给学生配置不同难易度的阅读文本，也可以通过大数据统计对学生进行阅读水平阶层的升级，使学生阅读获得成就感。

第五章
核心素养导向的自然科学智慧课堂

第一节　核心素养导向的自然科学智慧课堂特征分析

物理、化学和生物属于自然科学，是以观察和实验的经验证据为基础，对自然现象进行描述、理解和预测的科学分支。物理学是自然科学领域的一门基础学科，研究自然界物质的基本结构、相互作用和运动规律。化学是在原子、分子水平上研究物质的组成、结构、性质、转化及其应用的一门基础学科，其特征是从微观层次认识物质，以符号形式描述物质，在不同层面创造物质。生物学是自然科学中的一门基础学科，是研究生命现象和生命活动规律的科学。自然科学智慧课堂具有以下特征。

一、知识体系最优化

要培养学生的物理、化学和生物等自然科学学科核心素养，起步于让学生形成正确的自然科学观念，而自然科学观念的形成离不开物理学科知识。自然科学学科知识具有核心素养的价值和作用，是核心素养养成的重要载体。本质化和结构化的学科知识有利于学生对学科方法的掌握以及思维的发展。基于大数据技术支持下的知识图谱技术，能围绕学科大概念对学科知识结构最优化处理，有利于学生构建学科知识图谱，掌握学科方法，发展学科思维，实现学科知识向学科核心素养转换。

二、认知工具丰富化

新课标颁布后，高中物理、化学课程标准以及义务教育物理课程标准皆提出：从生活走向学科，从学科走向生活。知识转为素养的重要途径是情境。在人工智能的推动下，媒体呈现智能化，即智媒化，有利于创设生活化的学习情境。智慧课堂能为学习者提供包含微课、电子文档、图形图片、语音视频、网页等丰富媒体资源。在自然科学学科上，智慧课堂还能提供丰富的自然科学实验，并能够按照学生需求进行智能化推送，这能激发学生高水平认知投入，有利于他们在活动中获得高级认知技能。

三、交互活动协同化

物理、化学和生物学习活动是智慧课堂核心素养形成的主要途径。在物理、化学和生物学习中，学生通过智能教学平台的问题链驱动以及任务群的引导协同完成任务，实现学科方法应用与创新。对于常见的物理、化学和生物难题，人机、师生、生生之间通过平台实现无障碍的沟通与交流，碰撞出更多的思维火花。

四、资源推送个性化

物理、化学和生物是难度跨度比较大的学科，传统课堂教学，一名教师面对几十个学生，很难及时把握和照顾每个学生的个性特征和个性化需求，利用大数据和人工智能技术可以使教师能全面了解每个学生的学习行为和效果等数据，并进行个性化指导和资源推送，实现"因材施教"。借助知识图谱技术支持下的测评系统，还可以帮助学生把单元知识点联系起来，促进他们对单元知识结构的认知，最终从根本上提升能力。

五、评价反馈的实时化

要培养学生的物理、化学和生物学科核心素养，需要以评促教。对于学生，核心素养具有整体性和进阶性，往往需要包含若干课时的单元学习才能实现一定发展。大数据平台能实现教学评价即时反馈，不断激励学生持续、高效参与单元学习活动；对于教师，通过实时教学评价数据反馈，教师能及时调整课堂教学行为和策略；对于管理者，课堂实时监控平台能及时把诊断报告反馈给教育管理者，为全校开展高效课堂提供数据参考。

六、演示步骤清晰化

在传统物理、化学和生物课堂中，演示实验对于教具的要求是尽可能做大且容易观察，步骤清晰。但是，碍于实验器材与实际条件的限制，很多实验仪器并不一定能做大，太大的话会影响实验效果，因此后排的学生不一定能清晰地观察到，传统投影仪固定视角的放大对于一些操作细节的展示效果不佳。在智慧课堂技术的帮助下，多角度的放大实验可以帮助学生更好地观察实验现象与操作细节，从而更好地提高实验效果。

七、实验勘误及时化

实验是培养学生物理、化学和生物学科素养的重要途径和方式。对于学生分组实验课以及课上分组小实验，学生的积极性很高，但是很多同学其实并不清楚自己的实验操作是否规范以及实验数据是否正确。虽然教师会在一旁巡回指导，但毕竟注意分配有限，不容易关注每组同学的情况，并且在一组纠正错误后下一组容易再犯，其他组别的同学也不容易观察到易错点。在智慧课堂技术的帮助下，学生的实验数据可及时同步到平板端，方便教师及时发现问题；同时展台功能还可将学生实验直接投屏到电脑来展示典型错误，让其他组别的相似问题得到及时纠正。

第二节　核心素养导向的自然科学
智慧课堂实施路径

一、高中物理实验课智慧课堂实施路径

（一）问题提出

《普通高中物理课程标准（2017年版2020年修订）》提出：物理学基于观察与实验，要引导学生自主学习，提倡教学方式多样化。高中物理课程要创设学生积极参与、乐于探究、善于实验、勤于思考的学习情境，并利用现代信息技术，引导学生理解物理学的本质。

物理是一门以实验为基础的学科，在物理课程体系中，物理实验课是作为培养学生科学思维、科学探究等物理学科核心素养的重要途径，但是传统实验课存在"学生操作不规范""数据不易验证""不易观察与矫正"等一些问题。[①] 而现代技术特别是智慧课堂相关的新型教学工具的出现，则有可能解决上述问题。[②] 对此，对于智慧课堂融合物理实验课的研究是必要的。

（二）基于智慧课堂物理实验课教学流程

基于智慧课堂物理实验课教学流程（见图5-1）包括六个阶段。

① 尤洪浩. 基于数字化实验和智慧课堂的高中物理探究式教学模式研究［D］. 济南：山东师范大学，2021.
② 黄河. 基于深度学习的高中物理电学实验智慧课堂［J］. 试题与研究：教学论坛，2018（33）：2.

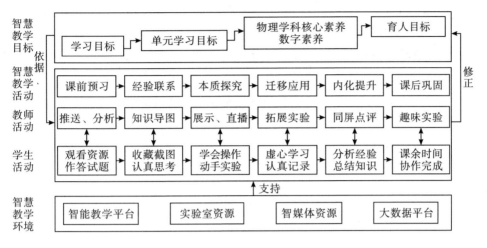

图 5 – 1　基于智慧课堂物理实验课教学流程图

1. 课前预习阶段

教师通过智学网等平台，将课前资源如实验视频、物理情景、物理学史、课前小测等推送到学生平板，让学生提前利用课余时间观看浏览。同时教师可以通过大数据分析本次小测以及以往学生学情，及时调整教学策略，做到心中有数。

2. 经验联系阶段

在课上，教师可以将过往物理实验相关知识如以往的实验仪器、原理等通过图片和文字整理，利用希沃白板的知识树功能将思维导图逐步展出，然后截屏至学生平板，让他们回顾的同时有了"说明书"，温故知新，引入本次实验课。

3. 本质探究阶段

教师先利用智慧平板的展台功能，在学生的帮助下多角度全方位演示本次课的实验，边演示边讲解原理，同时聚焦和放大需要注意的细节，随后进行学生分组实验。

在分组实验前期，教师继续通过展台功能"直播"同学们的实验状况，对于一些典型错误要及时指出并"直播"给其他同学看，调动同学们积极性的同时让同学们操作更加规范。

在分组实验中后期，待同学们操作基本正确后，同步各组长的平板，让学生把数据直接写在组长的平板上（如网络条件不稳定则以拍照上传代替），及时检查学生数据。

4. 迁移应用阶段

教师在本阶段可通过展台，或者数字实验，或者多媒体视频，展示本课实验的一些拓展实验（不便做分组实验的），推送到学生平板，让学生观看领悟。

5. 内化提升阶段

在分组实验课的中后期，可通过师生同屏功能，让学生分析本次实验课的原理、易错点、收获等，教师做最后总结。

6. 课后巩固阶段

在平板上布置与本实验课程相关的课后有趣实验，如做完验证机械能守恒实验后让学生做测量圆珠笔的机械能，测量某个刚体自由落体的机械能等拓展性实验，让学生提交实验视频、讲解、实验报告等，下次物理课进行分享。

二、高中化学探究课智慧课堂实施路径

（一）问题提出

人教版高中化学新教材 2021 年开始推行使用，现正是教材改革的第二年，在这一时代背景下，化学备课组积极研究新教材、实践新教法、落实新课标精神。

探究式教学在学校教育中的应用是在 20 世纪初美国教育家杜威最先提出的，他将探究分为五个基本过程，包含情境、问题、假设、推理、检验，以这五个过程为基础提出"反思五步说"，要求学生体验科学研究的过程以及学习科学研究的方法。① 1959 年"发现学习教学"方法由布鲁纳提出，又再一次强调了学生要以科学家的思维方式去思考探究问题，相较于学习结果而言更应注重探究过程。

在国外探究式教学研究成果的积极影响下，我国化学探究课堂的研究过

---

① 杜威. 民主主义与教育［M］. 陶志琼，译. 北京：中国轻工业出版社，2014.

程在 20 世纪 80 年代才逐渐开始。① 我国探究式教学正式进入高中课程的标志是 2003 年新课程标准的颁布。② 目前，新课程改革不断深入发展，我国的化学课堂探究式教学水平也得到进一步的提高。

化学探究课堂要达到预期的教学效果，需要多方面的协同作用，包括学生前期准备工作充分、课堂探究过程要积极思考和投入讨论、及时反馈和解决疑惑问题、善于将知识结构化、将问题解决思路外显等。然而，在实际化学探究课堂中，受学生预习不充分、课堂教学进度紧、探究过程现象表述不全面、探究疑问反馈不及时、探究讨论不到位、表征方式过于单一等因素影响，最终教学效果大打折扣。

在人工智能的推动下，化学课堂教学已不仅仅局限于传统的粉笔或 PPT 课件授课结构形式，逐步升级为基于大数据与人机交互的智慧课堂新型教学模式。智慧课堂教学具有教学媒体丰富化、教学形式多样化、教学内容推送智能化、评价反馈实时化等显著的优势，可以大大弥补传统教学手段的不足，丰富和优化教师"教"和学生"学"的过程。

如何把智慧课堂的各项优势与化学探究课堂的实际需求结合起来，使智能技术更好地为化学探究课堂服务，提高化学探究课堂的探究效率和互动效果，是我们现在思考的问题。

（二）基于智慧课堂的化学探究课教学流程

基于智慧课堂的化学探究课教学流程（见图 5-2）包括六个阶段。

① 刘敏芝. 新课标指导下的中学化学探究性实验设计［D］. 长沙：湖南师范大学，2014.
② 王二利. 新课标下高中化学探究性实验的有效教学策略研究［D］. 呼和浩特：内蒙古师范大学，2018.

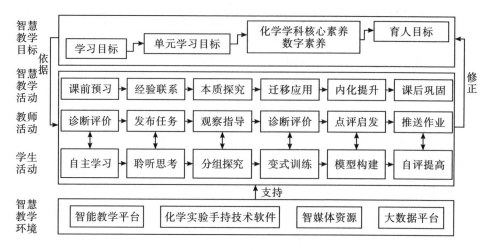

图5-2 基于智慧课堂的化学探究课教学流程图

1. 课前预习阶段

（1）自学材料：利用智慧平板向学生分享微课，让学生通过自主学习，提前对课程相关的基本概念有所了解，解决基础性问题和概念。

（2）选择性学习材料：利用智慧平板向学生分享文档，让学生选择性阅读与课程相关的"化学史料""工业实际""科技前沿"等资料，提高学生对知识背景的了解，增强人文素养和学习兴趣。

（3）自学检测：利用智学网向学生发布课前测试题，学生提交后，通过系统自动统计功能，线上反馈学生课前自主学习情况。同时利用智慧平板收集学生预习过程中存在的疑问。教师通过反馈数据对学生自主学习情况进行诊断，从而明确课堂教学的重难点，设计相应的探究活动。

2. 经验联系阶段

（1）引用和展示投屏智学网预习测试题反馈的数据，对学生自主学习情况表示肯定和激励。

（2）展示投屏反馈数据中错误率较多的题目以及平板收集的主要学习疑问，让学生结合已学先知，同学之间讨论解决；对于已学先知不能解决的问题，由教师设置合理问题情境，引出探究问题。

3. 本质探究阶段

（1）教师在平板发起分组合作探究活动任务。

（2）学生各小组根据探究问题，大胆做出假设，然后利用手头的实验材料开展实验探究。探究过程中，学生可利用智能平板拍照、录小视频等功能记录实验证据，并上传提交，供小组间相互查阅，也方便教师了解各组的探究进度和情况，适时进行指导。此外，学生也可以利用智慧平板把探究过程的异常现象或者对探究过程存在的困惑进行记录。

（3）教师观察各小组的探究实况，针对各小组记录的异常现象或提出的困惑，用智慧平板在问题讨论区面向全班学生发起讨论。

（4）分小组对探究活动进行分享。学生代表用智慧平板把探究过程的实验证据进行投屏展示，然后在全班同学面前对探究过程进行讲解，得出初步的实验结论。

（5）学生到问题讨论区进行分小组讨论，然后各小组派代表面向全班进行组间交流。教师根据讨论情况，适时进行点拨和评价。

（6）教师可使用手持技术化学实验平台对探究实验进行定量表征，丰富学生的认知角度，加深学生对探究本质的理解。

（7）师生共同完善并得出最后的实验结论。

4．迁移应用阶段

（1）教师用智慧平板发送迁移试题文档及答题卡。

（2）学生认真思考，独立完成迁移试题，并在智慧平板的答题卡区作答、提交。

（3）教师利用系统后台自动统计的即时反馈数据，当场诊断学生的完成情况。

（4）可显示正确作答学生名单，让该部分学生代表利用智慧平板用圈画、板演功能向全班讲解解题过程。

5．内化提升阶段

（1）初步形成知识思维导图/问题解决思维模型。

（2）教师通过智能平板把上课课件或笔记发布给学生，方便学生补回课堂上来不及做笔记的核心知识内容。

6．课后巩固阶段

（1）教师通过智学网向学生布置配套作业，学生完成后可即时反馈，查看题析，当场解决作业中的疑难问题。

（2）针对每个学生的作业答题数据，后台大数据和人工智能技术可对学生进行个性化试题推送。

（3）智能平板能把学生做过的错题自动存入错题集，方便学生复习时进行针对性知识回顾。

三、高考生物复习课智慧课堂实施路径

（一）问题提出

2022 年高考属于旧教材新高考的收官之年，新高考更重视考查学生的能力，在近几年的生物高考的试题设计基本上以"稳"字当头，立足学科本质，在试卷结构形式、内容组织、难度结构、设问方式等维度上延续近年试题风格，保持基本稳定；同时精心创设问题情境，情境设计稳中有新，进一步创新考试内容，从多角度考查学生的核心素养。高三生物复习课不能仅停留在帮助学生回顾已学知识，建立知识网络，更要在复习中渗透生命观念、理科思维、科学探究和社会责任等生物素养，学生经过复习课学习后，不仅要对已学知识进行"回炉"还要"再造"，既要建立起知识结构又要在能力上得到提升。

学生在高三复习课学习中往往会遇到一些困难：高一、高二学习的知识遗忘率高，零散的知识无法形成知识网络，遇到题目不会做看到答案又都懂。在传统教学中，教师要解决学生的困难，需要利用大量题目对学生知识逐步过关，学生难以从题海中解脱。在高三复习课中运用交互性平板教学，以其学情诊断辅助性，课堂反馈及时性，课后巩固针对性，能提高复习课课堂效率。如何在不同类型的复习课堂中运用智能技术工具，使课堂教学实现高效性是我们要研究的核心问题。

（二）基于智慧课堂的生物复习课教学流程

基于智慧课堂的生物复习课教学流程（见图 5 - 3）包括六个阶级。

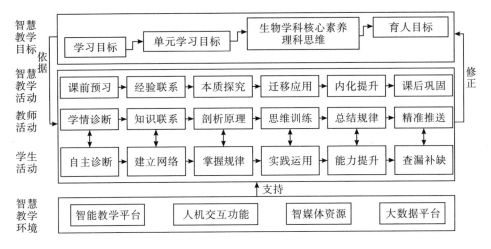

图 5 – 3 基于智慧课堂的生物高三复习课教学流程图

1. 课前预习阶段

高三课前重要环节是了解学生掌握了什么，遗忘了什么。在传统教学中，复习课的重点定位于教师所掌握的常考点、易错点，要求授课教师有足够积累的高三复习经验，同时学生在学习过程生成的问题不同，教师容易陷入经验主义。在智慧课堂中教师利用智学网课前推送本节课的基础知识填空，课前过关检测题，经过对学生预习作业的反馈进行分析，能精准掌握学生对以往知识的掌握程度，需要增补哪些知识板块。

2. 经验联系阶段

复习课堂基础任务是让学生在复习知识的同时建立知识网络，利用课前学情分析能有效将学生掌握的知识和需要巩固的部分建立联系，课堂上通过平板的推送功能将教师和学生知识联系得更紧密，提高课堂时间利用率。

3. 本质探究阶段

探究过程是培养学生理科思维的核心环节，在本环节中教师要摒弃教师自己讲、学生听的被动学习，每个学生思考的方式和角度有差异，智慧课堂的互动功能就发挥其作用。利用智能平板的手绘画图，学生将自己思考的思路推送给全班同学，由学生自己讲解等手段，深刻剖析生命现象的原理。

4. 迁移应用阶段

智慧课堂具有强大的课堂及时反馈功能，教师在课堂中进行课堂及时训练，可以通过推送易错题、举一反三题目，检测课堂复习效果，通过发布知识迁移题目，利用数据平台的及时反馈内容，分析学生掌握程度，同时也可以将学生的典型错误和优秀答题分享给全班同学，共同分析出现错误的原因，展示优秀答题范例。

5. **内化提升阶段**

复习课堂效果不应只让学生掌握几道高考题目，回顾一些已学的知识点，优秀的复习课堂应该让学生的思维能力得到提升，课程不应该只停留在40分钟的课堂上，通过课堂引发学生思考，建立理科思维能力和科学探究的精神，要把生命现象总结成规律，提高解决问题的能力。

6. **课后巩固阶段**

课后利用智慧平板和智学网对知识点掌握程度的分析功能，精准推送复习训练题，将学生本人常错、易错、未掌握的知识点进行巩固练习，并查漏补缺，同时把训练题中学生自己的错题归类成错题册，便于后续复习巩固。教师同步录制试题讲评，制作出题目讲解微课，让学生课后根据自己的需要有针对性地跟进，教师可以节省出讲评的时间，提高复习课堂效率。

第三节　核心素养导向的自然科学智慧课堂案例分析

《机械能守恒定律》智慧课堂教学案例

学校名称：广东华侨中学

执教教师：谭宇斌

所属学科：物理

教学对象：高中一年级学生

课程学时：1

一、案例设计背景与目的

《机械能守恒定律》是普通高中粤教版物理必修二第四章第8节的内容，这章是高中物理重点和难点，属于整个高中物理体系中的奠基知识。从知识发展的线索来看，本节的教学内容是对前面几节内容的总结，也是对学习能量守恒定律所做的铺垫。本节内容将加深学生对功是能量转化的量度的理解，也为学生从能量角度处理问题提供了途径。

传统物理课堂在本节课中开展实验时，会出现学生知识基础不明朗、演示实验操作不清晰、学生实验数据不能及时反馈等问题。因此，通过课前大数据分析学情并通过智慧课堂平板技术改进实验教学，可以弥补传统课堂的不足，更好地培养学生的物理学科核心素养。

二、教学理念

本节课是一节传统课堂与智慧课堂融合的探究式教学，将基于智慧平板的新技术与传统学生分组实验融合，开展以学生为主体的探究教学。

三、教材与教学内容分析

《普通高中物理课程标准（2017 年版 2020 年修订）》中对本节课的要求是："2.1.3　理解重力势能，知道重力势能的变化与重力做功的关系。定性了解弹性势能。

2.1.4　通过实验，验证机械能守恒定律。理解机械能守恒定律，体会守恒观念对认识物理规律的重要性。能用机械能守恒定律分析生产生活中的有关问题。"

《普通高中物理课程标准（2017 年版 2020 年修订）》中对必修 2 模块的教学提示是："本模块通过实验及理论推导等方法，让学生理解重力势能与重力做功的关系，理解动能定理和机械能守恒定律，学会从机械能转化和守恒的视角分析物理问题，形成初步的能量观念。在应用机械能守恒定律解决问题的过程中，体会守恒的思想，领悟从守恒的角度分析问题的方法，增强分析和解决问题的能力。"对于如何在教学中强调重点、突破难点，教材编者认为需要从认识能量的转化入手。如果学生从生活例子和实验中认识能量的转化，从而在教师的引导下归纳总结出机械能守恒的定义与条件，在这基础上结合机械能守恒的条件，进而学习机械能守恒可能会更加容易一些。

本课时内容共有 4 个知识点：机械能的定义、机械能守恒的理论推导、机械能守恒的实验验证、机械能守恒的条件等。为培养学生的物理学科核心素养中的物理观念，形成正确的能量观念，本节课对知识内容进行处理时，重点让学生领会"守恒"的思想。

四、教学目标

1. 物理观念

（1）理解机械能守恒定律的内涵。

（2）能用机械能守恒定律解释生产生活中的相关现象。

（3）认识机械能的本质，形成正确的能量观念。

（4）掌握机械能守恒定律及其应用，并能从物理学的视角解决些实际问题。

2. 科学思维

（1）能在熟悉的问题情境中运用机械能守恒定律解决问题时进行模型建构。

（2）会分析机械能守恒的条件，并从机械能守恒的角度分析动力学问题，通过科学推理，获得结论。

3. 科学探究

（1）通过小组合作完成"验证机械能守恒定律"等物理实验，提高学生动手能力。

（2）能提出实验中可能出现的物理问题，培养学生提出问题的能力。

（3）能在他人的帮助下设计实验方案、获取并分析数据、验证机械能守恒定律。

4. 科学态度与责任

（1）通过机械能守恒定律的验证与探究过程，培养学生实事求是的科学精神。

（2）通过机械能守恒定律在生活中的应用，让学生明白科学发展对人类社会进步的作用。

五、教学重难点

教学重点：理解机械能守恒定律的内容，能判断机械能是否守恒，并能列出机械能守恒定律的数学表达式。理解验证机械能守恒定律的实验原理、实验方案，并能进行数据处理和误差分析。

教学难点：机械能守恒的条件，科学验证机械能守恒定律的设计思路、数据处理和误差分析，以及机械能守恒定律的应用。

六、学习者特征分析

1. **学生的兴趣特点**

高一的学生对物理有着较强的操作兴趣、因果认识兴趣。但他们已经不满足于单纯的观察实验现象，逐渐希望能通过自己的思考来理解现象产生的原因，并自己总结出其中规律。所以在教学中，应充分发挥演示实验与学生实验的作用，注意激发学生的认知兴趣，并充分调动学生学习的积极性和自主性。

2. **学生的知识基础**

学生在初中从感性认识上接触过该定律。高中阶段机械能守恒定律从牛顿力学转移到守恒的思想上来，学生的思维经历了突变。同时，守恒的思想又比较抽象，所以学生接受起来更难一些。因此，在教学时要多列举生活实例（变抽象为形象），以降低学生学习的困难。

3. **学生的技能基础**

高一学生通过对前面学习内容的研究，已经具备一定的实验探究能力，已体会到物理学研究问题的一些方法，如运用理想模型和数学方法、等效替代等方法了解物理的基本研究方法。

4. **学生的认识困难**

守恒在生活中很常见，所以对学生来说并不陌生，但是根据生活中的现象得到的一些结论是片面的。针对学生的一些不完全理解，教师引导学生在自主探究中寻找真理。学生自主探索发现物理规律的能力总体来说比较差，因此，需要在教师引导下完成实验探究活动。

为此，本节课中要充分利用多媒体辅助教学的优势，综合运用教具、图片、动画、模型，引起认知冲突，转变学生由于生活经验的影响导致的错误观念。

七、教学环境、工具及资源准备

1. 教学环境

学校课室，多媒体教学平台，师生平板校内网络。

2. 教学工具

畅言智慧课堂平台教师平板、学生平板、大摆锤、铁架台、架子、电火花打点计时器、重锤、纸带若干，WPS 多媒体课件、影音播放软件。

3. 资源准备

授课课件，课前预习习题，课后原始物理问题，"弹笔"的多媒体视频。

八、教学过程

教学过程如下（见表 5 - 1）。

表 5 - 1

教学环节	起止时间	环节目标	教学内容	学生活动	媒体作用及分析
课前预习	提前一天	让学生提前回忆初中机械能守恒相关知识，并测试学生基础	在智学网发布"机械能守恒"课前习题	通过智学网完成任务	通过智学网数据分析，教师可在课前从学生测试发现问题，确定学生的迷思概念，及时调整授课侧重点

续上表

教学环节	起止时间	环节目标	教学内容	学生活动	媒体作用及分析
复习导入	0′—3′	让学生进入课堂	1. 教师引导性提问：前面学习了哪几种形式的能量？表达式是什么？分别对应什么力做功？ 2. PPT展示知识框图，待学生回忆补充完成后，利用教师智慧平板截图并发送给学生	1. 认真回忆并及时作答。 2. 及时查收截图	利用教师智慧平板截图功能，帮助学生更快地整理知识
任务一 能量转化与机械能	3′—8′	知道做功与能量转化的关系	1. PPT列举三个生活中常见的现象，让学生抢答这些现象中哪些力做功以及能量转化的情况（此处使用平板抢答功能，活跃课堂气氛）。 2. 通过实例和同学们的回答引导学生思考，动能与势能的相互转化是否存在某种定量的关系？	1. 学生在平板上抢答，认真回答能量转化关系。 2. 学生积极思考并讨论，鼓励学生踊跃发言，表达自己的看法。 总结：系统内部重力势能、弹性势能与动能之间可以相互转化，我们把它们统称为机械能	通过列举生活实例让抽象的机械能变得更形象，加深学生的感性认识；同时在初中的基础上进一步认识机械能，知道机械能是标量且具有相对性。同时利用平板抢答功能，活跃课堂气氛

续上表

教学环节	起止时间	环节目标	教学内容	学生活动	媒体作用及分析
任务二 重力做功与机械能	8′—30′	通过理论验证只有重力做功时机械能守恒，然后通过分组实验验证	1. 理论推导：PPT展示小球自由落体情况，提出问题：小球从 O 点自由落体运动，在 A、B 两点的速度分别为 v_1、v_2，高度分别为 h_1、h_2，试求小球从 A 点到 B 点重力做的功。让学生通过纸笔进行理论推导，并通过智慧平板拍照上传，教师点评。 2. 实验验证：教师先利用智慧平板的展台功能对讲台的实验装置进行放大演示，然后边讲解原理边进行演示实验。演示完成后，学生进行分组实验，在学生实验的前期，教师通过智慧平板展台投屏功能实时"直播"学生的实验情况，对于常见的错误给予全班同学及时纠正。此外，通过智慧平板的多人同屏功能，可将各组学生的实验数据实时地同步到讲台大屏幕上。引导学生得出结论	1. 在导学案上推导过程与结论，完成后通过平板拍照上传。 2. 认真观看演示实验，后分组完成实验，将实验结果写在智慧平板上。 实验结论：在只有重力做功的物体系统内，动能和势能相互转化，而总的机械能保持不变	智慧平板的展台功能可帮助后排的同学观察较为细微的实验现象和操作细节，实验前期的展台功能用作直播可充分调动学生的积极性。实验后期的多人同屏功能，可及时展示学生的实验成果

续上表

教学环节	起止时间	环节目标	教学内容	学生活动	媒体作用及分析
任务三　弹力做功与机械能守恒	30′—40′	领会只有弹力做功时机械能守恒	1. 演示实验：惊险大摆锤，引导学生思考，为何摆锤不会砸到教师（提出问题：大球从 A 点下落到 B 点的过程中，大球受到哪些力的作用？哪些力做功？哪些力不做功？机械能守恒吗？怎么证明？）。 2. 通过多媒体展示没有阻力情况下的弹簧振子。 3. 引导学生总结：在只有重力或弹力做功的情况下，物体系统的动能与势能相互转化，机械能的总量保持不变，利用教师智慧平板截图并发送给学生	1. 认真观察实验并思考。 2. 比较两种实验情况，得出实验结论：在只有弹力做功的物体系统内，动能和势能相互转化，而总的机械能保持不变。 3. 总结：在只有重力或弹簧弹力做功的物体系统内，动能与势能可以相互转化，而总的机械能保持不变	通过实验与总结，领会"转化"与"守恒"的思想

九、学习评价设计

本节课我们一起学习了机械能守恒定律，并且通过理论与实验知道了机械能守恒定律的条件，那么各位同学能否利用它来解决实际生活中的问题呢？接下来教师将会给每组同学发一支圆珠笔，请各位利用圆珠笔、尺子、平板摄像等工具，估测出该圆珠笔按钮的弹性势能，下节课我们将请同学分享他的研究成果和过程。［评价标准：（1）能正确得出圆珠笔的弹性势能。（2）能清晰、科学地论证研究过程。（3）能形成研究报告。］

十、教学创新与亮点特色

1. 通过数据分析实现课前确定迷思概念，精准教学

通过智学网课前预习的作业，教师线上批改，掌控学生的完成质量，并且根据班级作答情况以及以往学情及时调整授课思路，做到精准教学。

2. 利用平板截图推送笔记提高学生学习效率

在智慧课堂时代，笔记将不再局限于纸笔，课上精彩的知识结构，结论乃至于图片都可以直接截图推送到学生平板，形成电子笔记，让学生不用在抄笔记上浪费时间，更能专注于课堂。

3. 智慧平板互动技术，以任务驱动打造高效课堂，充分发挥智能平板强大的数据统计功能，构建师生互动、生生互动、生本互动的新型关系

有别于传统课堂的主观判断，智慧课堂时代的抢答、点名、投票等课上活动更加公平高效，能节省不必要的统计时间，有效地促进以任务驱动的探究型课堂。

4. 智慧课堂为以评促教提供更便捷的途径，助力生成性课堂

拍照上传主观题答案，可助教师充分了解每位同学的作答情况，而客观题的正确率即时反馈功能更能便捷地体现学生的掌握情况，对掌握不到位的地方可加以反复讲解与练习，真正地以评促教，帮助教师实现生成性的物理课堂。

5. 智慧平板展台功能，为学生观察实验提供更广阔、更全面的视野

传统课堂对于演示实验的展示方式，往往是固定视角让学生观察大体实验流程，但是对于一些操作细节、规范，该注意的地方往往需要教师边做实验边提点，容易影响演示效果，学生也不容易记下，智慧平板的展台技术，可根据需要随时转换视角，随时放大需要观察的地方，让学生更容易记住。在分组实验阶段，展台功能更可转换为现场直播，让学生观察其他同学规范或不规范的操作，形成同辈学习的氛围。

6. 即时网络通信让学生也成为"小老师"

通过智慧平板的同屏功能，学生在回答问题时也可直接在自己的学生平板上操作讲解，同时也能将自己的实验数据与思路展示到大屏幕上。

7. 优化作业提交类型，课后作业不再局限于纸笔

学生的作业可通过智学网上交，除了主观题和客观题外，更可以用提交视频、图片的方式完成课外作业，教师在智学网上即可批阅，并能将优秀的作品分享给其他同学。

十一、教学反思

1. 智慧课堂要与传统课堂紧密结合，但不可跃进太快

智慧课堂可以很好地改善传统课堂的一些不足，通过技术手段去提高课堂效率，是非常值得教师们学习、钻研的。但是切不可跃进得太快，认为凡是传统课堂的都是不好的。实际上，教育传承至今，很多诸如板书等传统课堂必需的教学手段是符合学生的认知发展规律的，得到了时间的验证，这些教学手段不可丢弃，应将其融入智慧课堂中继续发扬光大。

2. 技术教学手段只是辅助，教学设计时仍需要以学生为主体，促进深度学习的发生

教师是教学行为的设计者、组织者、引导者，如今虽有多种多样的知识呈现方式，令学生目不暇接，不容易分神。但是，不分神不等于学生就能真正掌握知识、技能，形成核心素养，真正的知识与素养往往需要学生经过自己的思考后得到。因此，我们需要警惕技术手段支持下新型的"满堂灌"课堂，智慧课堂的技术应让学生更轻松地完成课堂上的学习任务，促进深度学习发生，始终坚持以学生学而不是教师教为中心的思想。

3. 落实物理学科核心素养的目标达成

本课学科核心素养落实情况——物理观念方面，学生通过贯彻始终的"守恒"思想，基本形成了正确的能量观；科学思维方面，学生能在熟悉的问题情境中运用机械能守恒定律解决问题时进行模型建构；科学探究方面，课中实验、课后作业均培养了学生的动手能力和"问题"与"证据"意识；科学态度方面，培养了学生实事求是的科学精神。

十二、案例推广办法与经验总结

（1）先根据新课标精神与要求，设计课堂主要流程与学习任务，后再加入技术手段丰富和调整课堂，目前物理实验课均能较好地融合智慧课堂技术。

（2）为更好地融合智慧课堂技术，教师在设计时可分别根据课前、课中、课后阶段使用不同的教学手段。智学网、智慧平板的所有功能都要熟悉，要有创造性，有一些小功能应用在课堂上会有意想不到的收获（比如本课例中的展台功能用作直播学生实验情况，多人同屏功能用作实时反馈学生实验数据等）。

第六章
核心素养导向的社会科学智慧课堂

第一节　核心素养导向的社会科学智慧课堂特征分析

历史、政治和地理属于社会科学，是用科学的方法研究各种社会现象的科学。社会科学强调透过纷杂表象认识社会的本质，反映社会科学的根本规律和理想追求。例如唯物史观是学习历史的核心理论和指导思想，它是揭示人类社会历史客观基础及发展规律的科学历史观和方法论，人类对历史的认识是由表及里逐渐深化的，要透过历史的纷杂表象认识历史的本质。人地协调观是高中地理核心素养，指人们对人类与地理环境之间的关系秉持的正确价值观，它强化学生人类与环境协调发展的观念。政治认同，即培养学生对我国政治制度及道路的认同，拥护中国共产党的领导，坚定中国特色社会主义理想信念。社会科学智慧课堂具有以下特征。

一、知识体系最优化

历史、政治和地理学科核心素养具有综合性。例如高中历史采用通史体例，包括中国史和世界史，突出时序性，以大时序小专题的呈现方式，引导全体高中学生运用历史唯物主义观点，通过对相关史事的整体认识，深化对人类历史发展基本脉络以及对人类社会从低级到高级发展规律的认识，并且以历史选择性必修课程作为补充，呈现中外历史多方面的重要内容，引领学生从政治制度与社会治理、经济与社会生活、文化交流等不同视角对中外历史有更加深入的认识，更好地提升学生的核心素养。高中政治新课程标准设置的课程内容包括《中国特色社会主义》《经济与社会》《政治与法治》《哲学与文化》四个模块，并规定了选择性必修是《当代国际政治与经济》《法律与生活》《逻辑与思维》，课程内容以培育社会主义核心价值观为根本目标，帮助学生树立正确的政治方向，从而提高思想政治学科核心素养。高中地理课程标准采用自然地理、人文地理和区域地理的基本框架。相对自然科学，社会科学设计的知识范围广而散，教师需要把相互联系的知识点通过一定逻辑形成具有统一特征的知识图谱，实现知识建构，从而有利于学生思维的发展。智慧课堂学习环境能促进学生构建学科知识体系，为学科核心素养培养奠定良好的基础。基于大数据技术支持下的知识图谱技术能围绕历史、政治和地理学科大概念对学科知识结构进行最优化处理，利用可视化的图谱形象地展示历史、政治和地理学科的核心结构、发展历史，以及整体知识架构，实现知识体系向学科核心素养转换。

二、认知工具丰富化

相对自然科学，历史、政治和地理社会科学学科涉及概念多，内容繁多且具有高度的系统性，知识之间的联系十分紧密。教师如果仅仅结合课本上的文字描述及相应的插图来解释相关的历史、政治和地理的概念和现象，并不能帮助学生清晰理解概念或者准确表达社会科学现象的发生、发展过程。智慧学习环境为学生社会科学的学习提供了丰富的认知工具。首先，教师利用多媒体工具为学生提供丰富的多媒体资源，甚至利用虚拟现实技术创设与真实环境类似的模拟场景，使学生直观地感知历史、政治和地理，将部分遥远的复杂的社会事件、历史、政治和地理等概念具体化、形象化，激发学生学习兴趣。其次，教师可以引导学生运用思维导图、概念图、流程图等工具开展学科探究和实践，在问题解决中培养学生"史料实证""公共参与""区域认知""地理实践能力"等核心素养。最后，教师可以根据课堂教学需要运用智能化媒体向高中生们传播正能量，弘扬正气，继而增进学生的"家国情怀""政治认同"和"综合思维"。

三、交互活动协同化

核心素养在学生的交互活动中形成、发展和显现。社会科学学科具有不同的育人价值取向，如高中历史核心素养"家国情怀"是学习和探究历史应具有的人文追求，体现了对国家富强、人民幸福的情感，以及对国家的高度认同感、归属感、责任感和使命感；"人地协调观"是高中地理的价值取向，引导学生尊重自然规律，协调好人类活动与地理环境的关系。智慧环境从硬件和软件上保证课堂交互活动协同化开展，激发学生的主观能动性，在保证学生获得美好的活动体验的同时，获得学科育人价值取向。

四、资源推送个性化

高中历史、政治和地理学科，学生需要学习的知识体系非常庞大。传统教学中，教师耗费庞大的时间与精力，解答所有学生的疑惑，让学生持续深入学习，这对有限的课堂时间是很大挑战，也忽略了不同层次学生的学习需求。而在大数据平台支持下，教师可以根据学生学习与测验的数据分析，从中筛选出学生在学习过程中遇到的难点，将这些教学难点进行汇总整理，最终围绕这些难点开展精准教学，让学生能够在教师的引导下解决教学难点，通过自主学习掌握学科知识，为核心素养的培养奠定良好的基础。值得一提的是，教师基于行为数据分析，对学生个体或群体的特点做精准把握，实现网络学习资源的个性化推送，开展个性化社会科学思想和价值观教育引导。

五、评价反馈实时化

与其他学科一样，高中历史、政治和地理学科核心素养具有整体性和进阶性，往往需要包含若干课时的单元学习才能实现一定发展。例如历史学科，学生需要经过对不同事件的史料探究，才能逐渐精准把控辨析历史事件的规律，逐渐形成自己的观念，提升自身客观辨析历史事件的能力。大数据平台能实现教学评价即时反馈，不断激励学生持续、高效参与单元学习活动：从学生来看，大数据平台能实现教学评价即时反馈，不断纠正他们课时学习存在的问题；从教师来看，通过实时教学评价数据反馈，教师能及时调整课堂教学行为和策略；从学校管理者来看，课堂实时监控平台能及时把诊断报告反馈给教育管理者，为全校开展高效课堂提供数据参考。

六、空间观念立体化

历史、政治和地理知识基于一定空间贯通，核心素养的培养需要基于空间观念。例如时空观念属于历史学科本质的体现，属于学科个性核心素养，它是在特定的时间联系和空间联系中对事物进行观察、分析的意识和思维方式，是感知历史的基础，依赖它才能够把时间与空间结合，才能把古今历史知识贯通起来，并且加以比较，进而发现规律并形成准确的认知和理解。区域认知属于地理学科个性核心素养，它是人们运用"空间—区域"的观点认识地理环境的思维方式和能力，是学生有效认识复杂多样的地理环境的着力点和思维基础。公共参与属于高中政治学科个性核心素养，它强调的是学生参与社会活动的能力和素质，旨在引导学生走向公共空间，积极参与社会公共生活，增强公德意识和参与能力。因此，空间观念立体化是社会科学智慧课堂个性化特征，它强调通过虚拟现实等技术支持巧设立体化空间情境，如政治情境、历史遗存、地理环境等，还原教学内容，让学生在相对真实的场景中去感受空间变迁、形成认知和内化情感。

七、社会现象情境化

历史、政治和地理学科核心素养具有很强的时代性。"历史解释"是高中历史学科核心素养，指以史料为依据，对历史事物进行理性分析和客观评判的态度、能力与方法，历史课堂强调用丰富的史料"重构"历史事实，回到"现场"，辩证、客观地理解历史事物，不仅要将其描述出来，还要揭示其表象背后的深层因果关系。高中政治核心素养主要包括"政治认同、科学精神、法治意识、公共参与"四大政治核心素养，强调把新闻热点、时事政治与社会生活等真实情境融入课堂教学，容易让学生亲临其境引起共情，激发学生公共参与热情。高中地理课程标准新增"国家海洋权益与发展战略"以及"一带一路"相关内容，引导学生关注社会、关注生活、关注时事，使地理为生活服务。① 因此，社会科学智慧课堂具有"社会现象情境化"个性化特征。智慧课堂的大平台可以利用互联网络及时、快速地检索出与所学知识点相关的社会现象案例进行准确推送，让学生可以基于真实的情境进行案例分析，从而提高学生运用历史、政治、地理知识解决实际问题的实践能力，有利于社会科学知识体系的构建与再构建。

第二节　核心素养导向的社会科学智慧课堂实施路径

一、高中政治复习课智慧课堂实施路径

（一）问题提出

高中政治复习课一直以来是课堂教学的难点，不是难在对内容的熟悉，而是难在对内容的应用和提升。因为学生对相当部分的内容早已熟透，再进行纯粹知识点的复习，学习积极性不高，虽然复习课也可以说是一个查漏补缺的过程，但许多教师容易将复习课上成了练习课，甚至是习题课。因此，要想提高复习的效率，就需打破传统教室格局，让平板参与课堂，实时互动，及时反馈，活跃课堂气氛，激发学生学习热情，从而促进师生、生生之间的讨论与交流。

（二）基于智慧课堂高中政治复习课教学流程

基于智慧课堂高中政治复习课教学流程（见图6-1）包括六个阶段。

---

① 贺瑶，张明礼，王延华. 高中地理学科核心素养的提出背景、特征及培养策略［J］. 教师教育论坛，2018（12）.

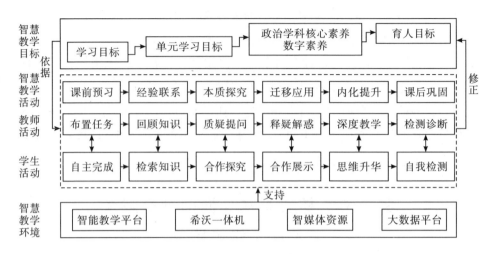

图 6-1　基于智慧课堂高中政治复习课教学流程图

1. 课前预习阶段

课前预习重在引导，学生根据教师课前布置的任务，有的放矢地"寻找"知识，而不再是被动"接收"知识。例如，在复习哲学"唯物论"的知识之前，让学生梳理唯物论的相关知识点，构建知识框架。在此基础上，学生完成相关学习任务，课程平台根据完成的情况动态实时地分析、显示学生的学情。教师对学生的学习情况进行可视化与动态分析，能够帮助学生自我调整学习状态，及时总结、分析和归纳。

2. 经验联系阶段

依托智慧课堂云网端平台，师生共同构建一个生活化、更具有吸引力的真实情境。例如，在必修四《哲学与文化》中"唯物辩证法"这一知识点的教学设计上，教师可以根据教材的内容给学生设计一些概念理解的问题，如"矛盾的含义是什么？""哲学上的矛盾与日常生活中的矛盾一样吗？""联系的特征有哪些？你能分别举出例子吗？"等问题。这样既发挥学生在课堂上的主体作用，也培养了学生分析问题和解决问题的能力。

3. 本质探究阶段

在智慧课堂教学的模式下，利用云端技术支持，教师可以设置相应的议题，通过活动帮助学生深刻理解其内涵，引导学生独立思考得出教材基本观点。例如，学生在学习"我国的人民政府"时，可以借助智慧教学平台，在线联系政府工作人员，帮助学生深刻理解课堂内容。这种方式在一定程度上会激发学生对于讨论社会热点话题和时政新闻的热情，提高学生关心国家和社会事务的兴趣，还可以锻炼学生获取和分析信息的能力，提高其应用知识解决问题的能力。

4. 迁移应用阶段

智慧课堂并不是和传统课堂一样的静态课堂，相反它是一个动态开放的系统，主要是运用智能终端设备使课堂系统超越了时空的局限，成了更为开放的课堂教学活动。例如，在讲授必修一《中国特色社会主义》有关我国改革开放的内容时，教师可以推送 1978 年以来我国经济社会变化情况的视频，相对于教材的文字，视频能够更直观反映我国经济发展情况，激发学生对思想政治课的兴趣。

5. 内化提升阶段

在智慧课堂教学中，可以充分利用平台资源，创设生活化的真实情境，最大限度地增加学生的参与度，在师生互动交流中实现知识的意义建构。如必修一《中国特色社会主义》，为让学生更容易理解教材知识，教师可以运用智慧教育平台展现大量的音像资料增加课堂信息量，增进学生对社会主义核心价值观的理解，让学生在学习的过程中深入理解习近平新时代中国特色社会主义思想，提升其政治认同。

6. 课后巩固阶段

教师根据学生课前预习的情况和上课时的表现，利用课程平台发布、跟踪学生的作业完成情况并给予相应的指导，还可以根据课程的需要通过云端平台给学生布置一定的课后学习任务，如撰写政治小论文，或参与社会调研等实践活动。这种通过线上线下相结合完成任务的方式，能够进一步提高学生对社会热点话题和时政新闻的理解和分析能力，为学生以后参与社会事务奠定基础。

二、高中地理探究课智慧课堂实施路径

（一）问题提出

　　景观，一般意义上是指一定区域呈现的景象，即视觉效果，包含自然景观和人文景观。二者的景象呈现都是自然地理各要素相互作用的综合结果，并且每一个单独的自然地理要素对景观的呈现和影响都是不一样的。在日常的地理教学中就是通过这样一个个模块化的教学让学生逐渐完善地理思维的建模，从而达到区域认知的目的。

　　在传统的地理教学中，教师主要运用的是课本中的文字介绍及相应的配套图片，在知识点的讲解过程中难免显得枯燥乏味，学生既提不起学习兴趣，也难以真正理解知识点的来龙去脉，只能完成机械的重复记忆，难以实现地理核心素养的培养。鉴于此，我们希望通过智慧课堂的引入，可以让枯燥的地理课堂活跃起来，增加学生的学习兴趣，也可以借助技术手段将各个地理模块整合起来，减少学生完成区域认知的时间，达到事半功倍的效果。

（二）基于智慧课堂的高中地理探究课教学流程

　　基于智慧课堂的高中地理探究课教学流程（见图6-2）包括六个阶段。

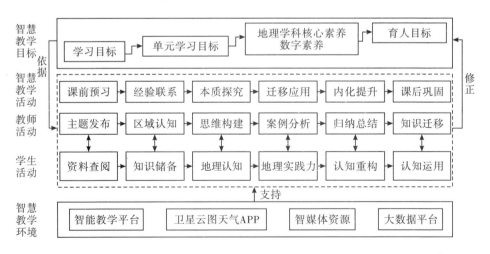

图6-2　基于智慧课堂的高中地理探究课教学流程图（以《气候与景观》为例）

1. 课前预习阶段

借助智慧课堂的技术手段，可以在课前让学生通过智慧课堂去查阅相关资料，搜集一些景观图片，小组讨论其与气候的相互关系，做好课前的准备工作。

2. 经验联系阶段

课堂导入阶段进行小组展示，介绍气候与景观之间的相关性，并由其他小组成员进行补充说明。既利用了智慧课堂的展示功能，激发了学生的学习积极性，也调动了学生的知识储备，增强了区域认知的能力。

3. 本质探究阶段

在此阶段，教师要通过智慧课堂展示某些地理现象来帮助学生进一步完善对该区域的认知，在此基础上理解并掌握地理现象的发生和发展过程，逐步进行地理思维的模型构建。

4. 迁移应用阶段

搭建好地理思维模型后就需要去解决实际的地理问题，通过智慧课堂展示真实情境案例分析的方式，让学生将所学的知识与地理实际结合起来，以达到运用地理思维提高地理实践力的效果。

5. 内化提升阶段

在案例分析的基础上，对本质探究阶段形成的地理思维模型进行重组、完善和再构建，能够更好地应用到地理实践中去，在地理实践中领会人地关系的重要性，从而树立人地和谐的地理观念。

6. 课后巩固阶段

在课堂思维重建后，课后利用智慧课堂可以有针对性地向学生推送相应知识点的题目信息，让学生在课后对知识进行再运用，以达到巩固的效果。并且也可以通过智慧课堂将这些模块化的知识储备起来，与后期学习的"地形与景观""水文与景观"等相应模块再次进行重组，从而理解自然地理环境各要素之间既有相互影响也有共同作用的相互关系，从而完成单元的地理教学任务。

第三节　核心素养导向的社会科学智慧课堂案例分析

《深度学习背景下的时政热点复习——以"实现共同富裕"探究为例》智慧课堂教学案例

学校名称：广东华侨中学

执教教师：杨斌

所属学科：政治

教学对象：高中三年级学生

课程学时：1

一、案例设计背景与目的

高三政治学科的二轮复习承接一轮复习与考前冲刺，处于关键地位，也是一轮复习基础上的拓展与延伸，是基于基本理论、时政热点和思维能力的更高水平和层次的建构。通过对历年全国高考及广东高考政治试题的分析，其命题的话题都与年度时政热点密切相关。学生只有紧密结合高考命题关注的社会生活主题，把握高考答题规律，以问题为中心，建构解题思维模型，才能形成合理的答题逻辑，才能提高政治得分率。

本项目研究有利于提升学生理论素养与思维能力的进阶，把握知识的内在联系，整合知识、重构知识体系，帮助学生树立学科思想、掌握学科方法，提升学生运用知识解决问题的能力与思维品质。

二、教学理念

从课堂主体层面，本项目突出学生的主体作用，以2020年修订版课程标准为引领，坚持以思想政治学科核心素养为本位，依据学业质量标准，落实立德树人根本任务。从"教（教学活动）""学（表现标准/学习目标或学习活动）""评（测验或评价活动）"三个层面进行系统联动设计，形成一体，一站式建立整体性、成套的教学预设方案与实施机制。同时，为充分调动学生的积极性，在复习过程中运用多种教学平台和软件，帮助学生理解相关知识，提高学生学习的信心。

从核心素养培育方面，本项目注重引导学生在学习和生活中，通过对时政材料分析，引起学生共鸣的同时感受到祖国的强大，增强学生对中国特色社会主义制度的认同，着力培养政治认同这一核心素养；理解社会主义市场基本经济制度优越性，着力培养学生科学精神这一核心素养；激发他们投身实现伟大复兴中国梦的实践，着力培养公共参与这一核心素养。

从高考能力培养方面，通过引导学生进行时政热点与高考理论考点的连接，明确复习的核心基础知识，通过理论重构，理解知识之间的内在联系，提升学生的必备知识和关键能力。

三、教材与教学内容分析

一年一度的中央经济工作会议是中国共产党治国理政的一项重要制度安排，也是判断经济形势和定调第二年经济政策的权威风向标，多年来一直备受国内外关注。同时，该内容属于高考政治备考中的重大时政内容，需要学生对此进行深度学习和理解。

四、教学目标

（1）描述和阐释中央经济工作会议的内容、提出的背景及意义、措施，培养学生对我国实行共同富裕的政治认同。

（2）能在给出的材料中，运用所学知识，分析建设共同富裕示范区的原因和举措，提高论证和探究问题的能力。

五、教学重难点

教学重点：中央经济工作会议内容的深度解读。
教学难点：以中央经济工作会议内容为背景材料的主观题解题方法。

六、学习者特征分析

1. 分析学生的起点水平

根据高考复习的进度，在开展本课堂教学时，已经进入依托教材知识进行高考时政专题解读的阶段，学生对相关的教材知识有了进一步的巩固，因此在此专题训练中，尽量选择当年高考的长效热点为背景材料，既能达到解读时政的目的，又能以题带知识点，进行全面的复习。

2. 分析学生的学习优缺点

高三学生已经具备一定的逻辑思辨能力，探索欲很强，能够在教师的引导下，透过具体情境理解相关理论知识，但不能灵活准确调用理论语言，结合真实情境对问题展开分析，分析解决问题的思维欠开阔，能力有待提升。对此，学生需要在相关时政热点的情境中，通过不同维度的问题探究与解决，达到知识的调用与联结，提升分析问题和解决问题的能力。

七、教学环境、工具及资源准备

1. 教学环境

学校课室、多媒体教学平台、学生平板连接校内网络。

2. 教学工具

WPS多媒体课件、希沃授课助手、智学网学习平台、微信群、影音播放软件。

3. 资源准备

授课课件、推送"中央经济工作会议"的视频、学生导学案。

八、教学过程

教学过程如下（见表6-1）。

表 6 - 1

学习步骤	起止时间	环节目标	学生活动	教师活动	媒体资源设计意图
一、课前预习	提前一天		学生熟悉中央经济工作会议内容	在智学网发布材料，布置梳理经济会议要点	教师可在课前及时批改全体学生的要点归纳，线上批改并留言、纠正，从学生作业发现问题，及时调整授课思路
二、时政热点切入	0′12″—3′00″	创设本课主题情境，吸引学生兴趣；激发学生爱国热情，增强学生政治认同	观看视频，获取关键信息，并结合视频信息提炼关键信息	教师播放视频《新发展，新格局》，解读中央工作会议的重点内容	通过观看视频回顾分配制度改革历程，学会辩证地看待现实问题，并培养学生关注社会，关心贫困群体的道德良知
三、理论重构	3′00‴—9′00″	通过情境探究，帮助学生理解中央工作会议的要点，从而使学生能够用所学知识阐释（科学精神）	学生根据已完成的前置任务，复述图示背后的核心理论，并梳理核心概念之间的逻辑关系	教师引导学生根据主题思想建构的知识进行阐释	利用希沃授课助手把学生构建的思维导图上传到教室平板，可拖动、放大、做标注，方便分享与点评

续上表

学习步骤	起止时间	环节目标	学生活动	教师活动	媒体资源设计意图
四、议题探究	9′00″—40′00″	通过具体情境问题，使学生能够用所学的相关知识分析问题（科学精神）	学生结合材料信息，分析党中央、国务院建设共同富裕示范区的原因和举措	教师展示以中央工作会议内容为背景材料的主观题，设置2个议题任务	结合课本知识分析原因和提出解决措施，学生利用平板电脑分组研讨并发表自己的观点
五、课后巩固	课后	评价与诊断学生的知识获取，能把堂上体会与归纳的结构及语言特点学以致用（公共参与）	学生利用周末实地调查、上网查阅资料等方式，梳理改革开放以来的中央经济会议内容，选择一个角度，撰写一篇有关经济改革方面的小论文	教师利用图书馆、中国知网等互联网平台搜集资料，在微信群分享资源，引导学生通过微信与教师及时沟通交流，学生通过智学网上交作业	丰富了获取研究资源的渠道，提升学生信息搜索、甄别、筛选、整合的能力。 论文通过智学网上交，教师随时随地、手持一台移动设备即可批阅，并能瞬时分享、提取、打印

九、板书设计

板书设计如下（见图6-3）。

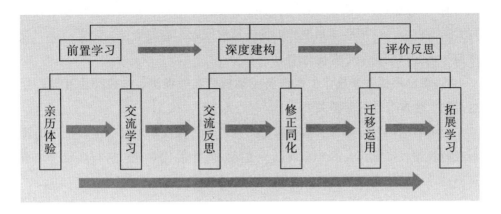

图 6 – 3

十、学习评价设计

1. 学生层面

本课题通过了解时政内容，依托情境材料，创设问题，实现核心素养培养，助力学生高考。

2. 教师层面

多维度发挥正面激励与提升能力的作用，关注学生展示的亮点、学生读材料的方法、审题的过程、学生表达中语言的组织，以及在学习活动中的表现、在课堂活动中的参与程度与水平；提高时政素材与教学内容的结合，关注课后训练题目中审题、解题、答题中能力的实现程度，适应新时代的技术革命。

3. 推广层面

在分析该项目效益基础上，提出教学内容与时政素材具体融合策略，初步建立起高考时政热点复习模式，为高中时政备考提供参考价值。

十一、教学创新与亮点特色

1. 利用智慧平台能让前置的学习任务有效落实

大单元复习，重整建构理论。此案例利用互联网教学平台和软件组织学生对时政热点进行"前置学习",采取"大单元"理念设计,引导考生关注重大时政内容,运用所学知识分析具体情境问题,高效推进二轮复习、引领考前冲刺,以期精准把握提分节点。

2. 融合平板共享技术,以任务驱动打造高效课堂,构建师生互动、生生互动、生本互动的新型关系

在课前的前置任务中,学生通过阅读"学习强国"APP等平台推送的资料或者视频,提炼相关的知识观点,教师对其中的优秀观点进行展示,注重过程性评价,结合学生自评、互评、教师评价等方式,实现了师生互动。

3. 网络通信平台打破了学习的时空界限

在"深度建构"中,我们在课堂中给予学生充分的表达机会。利用智慧课堂的答题功能,学生能在课堂上展示自己的观点,而其他同学除了作为倾听者,还进行互评,实现生生互动。

4. 优化作业收发与批改的流程,发挥作业对后续学习的指引性功能

学生的论文通过智学网上交,教师随时随地、手持一台移动设备即可批阅,并能瞬时分享、提取、打印,利于学生学习并收藏他人优秀习作。

十二、教学反思

(1)根据高考复习的进度,在开展本课程教学时,已经进入依托教材知识进行高考时政专题解读的阶段,也是一轮复习基础上的拓展与延伸,是基于基本理论、时政热点和思维能力的更高水平和层次的建构。智慧课堂能促进学生自主学习,更高效地开展课堂活动,突破教学重难点,还能开展分层教学,在当今时代背景下具有莫大的价值。

(2)学生对相关的教材知识有了进一步的巩固,因此在此专题训练中,尽量选择当年高考的时政热点为背景材料,既能达到解读时政的目的,又能以题带知识点,进行更全面的复习。本课坚持以学生为主体,教师是教学行为的设计者、组织者、引导者,通过激趣、提问、给予足够的辅助支架,鼓励学生自主生成与构建知识。

(3)从教学内容的筛选,教学模式的创新,到教学平台与教学软件的交互使用,都做出了尝试。学生很认真完成每个研讨任务,堂上热烈交流、主动分享，课后分享研究资料的热情高涨，实现了平等而充分的师生、生生对话。

（4）通过时政专题议题的引入和讨论，促使学生在时政阅读专题中感悟时政，体验时政内容，切实提升学生对时政的理解。

十三、案例推广办法与经验总结

（1）围绕单元主题和单元目标，精心创设真实情境、设计学习任务。该项目在分析效益的基础上，提出教学内容与时政素材具体融合的策略，初步建立起高考时政热点复习模式，为高中时政备考提供参考价值。

（2）教师备课时应多阅读相关资料，结合学情为学生搭建恰当的辅助支架，更要丰富自身的知识储备，提升自身的信息化教学技能和水平，熟悉操作相关教学软件和平台，发挥网络技术的作用。同时，也要加强学生的信息技术培训，让学生适应信息化的教学环境。

（3）重视教学环境设施的建设，教师要激发学生关注社会重大时政的兴趣，围绕政治认同、科学精神、法治意识和公共参与的核心素养，选取国家发展的重大时政热点，培养学生的学科素养，融合信息技术，在课前、课中、课后分别借助不同的智能交互手段，如多媒体课件技术、智学网平台、AI学软件、希沃助手、中国知网APP、微信等，提高学习效能，落实教学目标的达成。

（4）注意调动学生的积极性，教师对其中的优秀观点进行展示，注重过程性评价，结合学生自评、互评、教师评价等方式，发挥学生的主体作用，真正做到以生为本。

第七章
核心素养导向的技术智慧课堂

第一节 基于核心素养培养的技术智慧课堂构建

一、核心素养导向的信息技术智慧课堂特征分析

普通高中信息技术课程是一门旨在全面提升学生信息素养，帮助学生掌握信息技术基础知识与技能，增强信息意识，发展计算思维，提高数字化学习与创新能力，树立正确的信息社会价值观和责任感的基础课程。高中信息技术学科核心素养由信息意识、计算思维、数字化学习与创新、信息社会责任四个核心要素组成。它们是高中学生在接受信息技术教育过程中，逐步形成的信息技术知识与技能、过程与方法、情感态度与价值观的综合表现。四个核心要素互相支持、互相渗透，共同促进学生信息素养的提升。

核心素养导向的信息技术智慧课堂在继承智慧课堂一般特征的基础上，依据信息技术学科核心素养，结合"数据""算法""信息系统""信息社会"学科大概念，被赋予更深层次学科特征内涵。智慧课堂突出信息时代"数字化""网络化""智能化"的特点，按照学生学习和生活经验，设计与信息技术相关的社会现实问题和情境，帮助学生成为合理的技术使用者、创新的技术设计者和理性的技术反思者。[1]

---

[1] 中华人民共和国教育部. 普通高中信息技术课程标准（2017 年版 2020 年修订）［S］. 北京：北京人民教育出版社，2020：2.

（一）知识体系最优化

核心素养导向的信息技术教学提倡单元教学，有利于核心素养的进阶发展，学习单元具有"结构化"特征。智慧课堂教学紧扣"数据""算法""信息系统""信息社会"学科大概念，结合信息技术变革的前沿知识与国际信息技术教育的发展趋势，引导学生学习信息技术结构化知识，建构学科思维方法。基于大数据和可视化技术支持下的知识图谱，将凌乱的知识点织成网，搭建起一个由单元主题统领、内容相互关联、逻辑清晰的可视化单元知识体系。

（二）认知工具丰富化

从技术层面分析信息技术学科本质，信息技术具有"数字化、网络化、智能化"特点，其信息处理的本质过程是一种"把代码译成数据，又把数据译成代码的计算方法"。[①] 从思想方法分析学科本质，高中信息技术课程关注学生利用信息技术处理问题的内在思维发展，形成利用信息技术认识世界的独特思维方式，即计算思维、设计思维和批判性思维。[②] 核心素养导向的信息技术课堂提供智能化媒体工具，为认知加工提供虚拟的真实情境和多模态教学资源：首先，智能媒体的介入加深学生认知的深度。5G 搭建的物联网，通过智能终端将人类的认知从器官感知为主走向数字化建构和信息化加工。其次，智能媒体丰富了学生认知信息技术的手段和方式。VR/AR、可穿戴设备和人工智能的融合促使学生对信息技术的认知从五官延伸至行动与环境的交互构建。最后，智能媒体提供多种情境，基于二维码、物联网、增强现实等技术促进学生在不同情境中运用信息技术解决问题。

（三）交互活动协同化

为了促进核心素养达成，信息技术智慧课堂设计挑战性学习活动，设置任务群和问题链，引导学生在真实情境中经历基于问题解决的学习过程。人机交互技术为学生挑战性活动的实施提供了软硬件保障：一方面，师生、生

---

① 李锋. 发展关键能力，培养数字公民：面向核心素养的信息技术课程设计 [M]. 上海：华东师范大学出版社，2020.

② 祝智庭，李锋. 面向学科思维的信息技术课程设计：以高中信息技术课程为例 [J]. 电化教育研究，2015，36（4）：83 – 88.

生、人机之间通过智慧教学平台，实现即时无障碍的沟通与交流；另一方面，智能化媒体提供的多模态课程资源实现了教师、学生、资源和环境等多要素之间的多维动态交互，有效提升学生的高阶思维能力。

（四）资源推送个性化

信息技术学科核心素养遵循发展性原则，按照任务与情境的复杂度，知识与技能的深广度与难易度，逐层进阶设置成"预备级""水平1""水平2""水平3"四级水平。智慧教学平台和大数据平台能自动记录每位学生的学习情况并结合教育数据挖掘和分析技术为学生的学习"画像"，并精准地进行个性化资源推送，从而有效解决因学生基础及核心素养发展存在差异造成信息技术单元教学难以推进的问题。

（五）评价反馈的实时化

基于网络技术和大数据技术的特性，信息技术智慧课堂突破教学评价的时间和空间局限，实现评价反馈的实时化：一方面教师通过计算机网络组织评价，迅速获取定量数据、评价数据，及时了解学生的学习情况，调整自己的教学进程；另一方面学生通过计算机网络进行评价，及时了解自己的学习情况，调整自己的学习活动。评价反馈的实时化使评价产生激励效应，激励学生不断调整学习状态，积极地参与单元挑战性学习活动。核心素养指向综合性的结果，是知识、技能、情感、态度、价值观等多方面要求的综合表现。[①] 智慧课堂充分利用智能平台，对课堂教学全过程进行教师教学和学生动态学习过程诊断与评价，采集各种教师教学及学生的学习信息数据，运用各种信息技术对相关数据进行分析，从而为教师决策提供重要参考依据。

（六）问题解决的技术化

高中信息技术课程鼓励学生在数字化学习环境中学习与实践，将知识建构、技能培养与思维发展融入运用数字化工具或者编程工具解决问题和完成任务的过程中。信息技术智慧课堂的学习过程需要两大类技术工具支持：一是感知体验类，如信息技术产品实体或者软件系统、免费APP或微信小程序。感知体验类工具主要让学生在体验中了解信息技术相关应用，探究技术

---

① 林崇德. 中国学生核心素养研究 [J]. 心理与行为研究，2017，15 (2)：145 – 154.

原理，感受信息技术的魅力，激发学习兴趣。二是实践应用类，主要指实现问题解决的编程开发工具和数字化工具。这些工具有利于学生实现信息技术原理的技能迁移和应用，促进他们对应用信息技术解决问题过程与方法的掌握。

（七）过程评价的电子化

高中信息技术教学评价应围绕核心素养展开，尤其应关注信息意识、信息社会责任等评价相对较难测量的素养进阶发展。教学评价采取目标与过程并重的策略，记录学生的动态学习过程，评价时尽量体现出学生在学习过程中各方面能力的提升情况。借助网络技术和大数据平台的优势，高中信息技术教学评价采取上机测试（知识和技能的考核）、作品评价、电子档案袋评价等多元评价方式，从而全过程追踪记录学生学习过程中的核心素养发展情况。

二、核心素养导向的人工智能智慧课堂特征分析

人工智能是研究、开发用于模拟、延伸和扩展人的智能的理论、方法、技术及应用系统的一门新的技术科学。2021 年 10 月，中国教育学会中小学信息技术教育专业委员会发布了《中小学人工智能课程开发标准（试行）》，该标准明确了中小学人工智能课程的培养目标分为人工智能意识、技术应用能力、实践创新思维、智能社会责任四个维度。义务教育阶段，人工智能课程应根据学生的认知水平和学习能力，以基础性的知识和上层技术的应用为核心，通过体验感悟、实验验证、应用创新三个层次来展开。

与传统课堂相比，一般智慧课堂的教学具有以下五个共性的特征，即教学决策的数据化、问题导学的智能化、互动交流的立体化、评价反馈的即时化和学生发展的个性化。[①] 在我们构建核心素养导向的人工智能智慧课堂时，应在继承智慧课堂一般特征的基础上，结合人工智能学科核心素养的培养要求，凝练出更深层次的课堂特征与内涵。

---

① 庄小云. "互联网＋教育"背景下中学智慧课堂教学模式建构［J］. 新课程研究，2022（2）：11－13.

（一）知识体系结构化

知识体系的结构化是指在人工智能的知识框架中应强调通识部分的指导作用，各模块的知识应在通识部分之下。本学科中，各模块的知识常以人工智能的各个实际应用方向来进行划分，但它们之间并不是相互孤立的，而是统一于人工智能的科学技术本质，即通识部分的内容。在学生搭建人工智能的知识框架时，教师应有意识地引导学生从人工智能的科学技术本质开始进行建构，最终实现"学科内知识间的相互融会与贯通、学科间知识的互相渗透与支撑、学科知识与学生生活经验的和谐结合、学科知识学习与学科核心素养形成的有机统一"这一目标①。为了实现知识体系的结构化，智慧学习环境下知识树、概念图、思维导图等等都是很好的工具。

（二）认知过程情境化

对人工智能的研究和开发离不开"人"这个主题，人工智能课堂中的"人"既是学习的主体也是被研究的对象，在这种情况下，认知过程的情境化是课堂的不二选择。以人脸识别技术的探究为例，当学生沉浸在"新学期新班级刚组建"的情境时，学生能根据自己的生活经验很快地说出他是如何慢慢将新同学的名字与长相对应起来的，如 A 同学的特征是有一双大眼睛，B 同学的特征是鼻子比较小等等。有了"实际生活"作为认知的基础，学生很快就能通过点拨理解人脸识别技术的原理。而认知过程的情境化能通过智慧课堂的信息化工具很好地达成并进一步细化。

（三）交互活动协同化

人工智能的实现离不开信息化技术的应用，学生在人工智能课程的学习中离不开体验感悟、实验验证、应用创新这三个过程。传统课堂中由于硬件条件的限制，学生的活动时间和活动范围也受到了相应的限制。智慧学习环境下通过便携式终端的配置以及物联网等技术的应用可搭建出一个专用于人工智能技术学习和实践的网络空间。学生在实践时可以走出课室进行数据采集，算法的设计和模型的训练都可以在云端完成，打破传统人工智能课堂在实践时受到的时空限制，更有利于学生核心素养的形成。

---

① 余文森. 核心素养导向的课堂教学［M］. 上海：上海教育出版社，2017.

（四）评价过程多元化

学科考评是学科核心素养形成的主要保障，建立以学科素养为导向的考试评价体系，学科核心素养才能真正落地。① 核心素养导向的人工智能智慧课堂充分发挥物联网、大数据等技术的优势，可为学生建立起电子档案袋，形成学习画像，整合过程性评价与终结性考试，建成促进学生核心素养发展的评价体系。

综上，核心素养导向的人工智能智慧课堂应具有知识体系结构化、认知过程情境化、交互活动协同化和评价过程多元化的特征。

第二节　基于核心素养培养的技术课堂实施路径

一、基于智慧课堂的信息技术问题解决微课双导学模式

信息技术课程以进一步提升学生的信息素养为宗旨，强调问题解决，倡导运用信息技术进行创新实践。基于信息技术智慧课堂的特征分析，项目组构建基于智慧课堂的问题解决微课双导学模式。微课是经过精心设计和开发的，时间简短、内容精练和结构完整的学习资源。通过微课，学生可以根据自身基础自主选择微课学习，从而有效解决了由于学生个体差异造成课堂两极分化的问题。随着微课的兴起，课堂由"教学"向"导学"不断迈进，微课导学应运而生。基于问题解决的信息技术微课双导学模式（见图 7 - 1）：以微课作为课程资源，教师利用"微课"和"自主学习任务单"引导学生进行自主学习、合作学习；学生在网络环境下自主利用信息技术解决生活和学习问题，形成创新性的作品。

---

① 余文森. 核心素养导向的课堂教学［M］. 上海：上海教育出版社，2017.

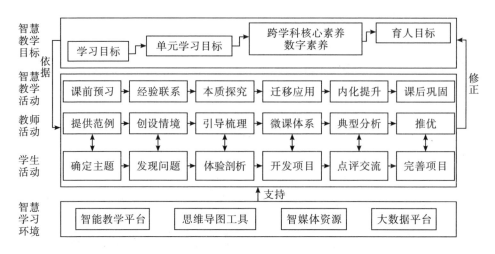

图 7-1　基于问题解决的信息技术微课双导学模式图

（一）课前预习阶段

教师创设情境体验让学生关注真实生活，从生活中挖掘问题，确定项目。教师要制定项目评定标准，并围绕标准构建项目涉及的已学和未学的微课体系，为学生开展原理探究、项目设计和开发搭建脚手架。学生在教师引领下发现生活存在的问题，并展开批判性对话和交流，最终确定项目。

（二）经验联系阶段

教师通过智媒体创设与项目相关的真实问题情境，帮助学生建立已有的学习经验和本节课的联系。在这个阶段，教师还可以利用微课呈现典型项目案例如体现优秀算法思想的程序或者具有创意的数字化作品、学生容易犯的错误案例。学生通过对比他人程序案例，能进一步培养好的计算思维和发散性思维。

（三）本质探究阶段

教师分解项目，通过微课、智能媒体和自主学习任务单引导学生开展探究，并细致观察学生在学习过程表现出的信息素养、实践能力和探究意识，及时纠正学生设计和制作过程中存在的错误。学生根据教师提供的微课，研究项目涉及的科学原理，并对疑难开展交流，最终会用科学原理和数学辅助解释项目。

（四）迁移应用阶段

这个阶段是学生应用信息技术原理和方法开发项目的阶段，也是学生信息技术关键能力形成的重要阶段。基于大数据和可视化技术支持下的知识图谱，将项目开发需要的知识技能搭建起逻辑清晰的可视化知识体系。在这个阶段，教师结合知识图谱，技术开发一套微课资源，帮助学生及时解除编程语言或者数字化工具知识体系遗漏造成的开发障碍，提高项目开发效率，同时还可以加强学生对编程语言知识与技能的巩固。

（五）内化提升阶段

教师可以利用自主学习任务单提供的作品的评价标准，开展学生间作品互评，实现学生信息技术方法与技能感悟认同。通过大数据平台的及时反馈，师生间的项目展示、汇报和交流更是促进学生形成计算思维观念的有效手段。微课中的典型作品能促进学生对作品制作存在的问题进行修正，并激励学生进一步创作的热情，是促进学生发展自主学习能力的重要方式。

（六）课后巩固阶段

学生需要对自己的项目进行反思，反思项目开发过程中存在的问题。教师还可以从学生制作的作品中选出优秀作品，并制作成微课，成为师生点评或者下次循环教学的课程资源，让学生认同数字化学习思维方法，养成数字化学习的习惯。

二、基于智慧课堂的人工智能问题情境教学模式

从对人工智能概念的界定可知，是否能用于"模拟、延伸和扩展人的智能"是该领域科研工作者对科研成果的评判标准，如何实现"模拟、延伸和扩展人的智能"也是人工智能领域最核心的问题。

人工智能课堂中的"人"既是学习的主体也是被研究的对象，这是在进行课堂教学时，与其他学科相比，人工智能学科所具有的一个重大优势。针对人工智能这一学科特性，在众多核心素养导向的教学基本策略中，情境化策略就显得尤为的合适。而人工智能与信息技术根源上的联系也预示着人工智能课堂与智慧课堂深度融合的必然。基于智慧课堂的学生学习情境教学模式描述如下。

（一）情境构建阶段

教师应通过联系生活、实物展示、场景再现等多种方式创设两个人工智

能教学情境。情境一为与本课教学目标相匹配的人工智能技术应用情境，情境二为日常生活中无人工智能技术参与时人完成同样任务的情境。构建两个情境时重点应放在情境二上。情境的构建应充分发挥智慧课堂的技术优势，尽可能地引导学生沉浸在所构建的情境中，并尝试根据自己的生活经验补充更多的情境细节。

（二）问题提出阶段

教师根据本课的教学目标，引导学生关注"两个情境中两个'人'是如何通过不同的方式分别完成同一个任务的？"这一问题。在情境二中，学生应能结合自己的生活经验，快速思考并具象化出自己在完成该任务时的思维过程，并按照要求，以思维导图的形式通过智慧课堂的网络平台进行展示。

（三）合理假设阶段

教师应组织学生在智慧课堂的网络平台上对搜集到的思维导图进行自评和互评，在这个过程中引导学生进一步优化在上一个环节中个人思维具象化的结果，适时总结并提出下一个问题："人工智能是如何通过模拟、延伸和扩展人的智能来完成同样的任务的？"针对这一问题，学生应能根据前期对个人思维具象化的结果提出合理的假设。

（四）原理探究阶段

在原理探究阶段开始之前，教师应在智慧课堂的网络平台上提前准备好与本课知识相关的多个自学材料，并预设好各个材料的推送规则。当学生在智慧课堂的平台上进行学习时，平台应能根据学生提出的假设推送相应的资料。学生在自主学习后应能纠正或者优化自己的假设，在提出新的假设后再次通过平台的推送进行学习，直到实现对该原理准确的理解。

（五）问题解决阶段

在学生完成原理的探究后，教师应再次利用情境构建阶段所构建的情境一为学生定制有针对性的人工智能实践任务，通过智慧课堂的平台以微课和任务清单的形式逐步引导学生完成。这个过程中要充分发挥智慧课堂的硬件优势和技术优势，让学生走出课室完成对数据的采集，在云端完成算法的设计与模型的训练。

第三节 核心素养导向的信息技术智慧课堂案例分析

《人脸识别第一课时——探秘人工智能原理》智慧课堂教学案例

学校名称：广东华侨中学

执教教师：庄小云、邱英杰

所属学科：信息技术

教学对象：高中一年级学生

课程学时：1

一、案例设计背景与目的

广州市教育研究院是全国普通高中信息技术学科教研基地，承担课程教材中心委托课题"普通高中基于学科核心素养的深度学习教学改进项目"，执教教师为该项目成员。

为了培养信息技术核心素养，本案例开展信息技术支持下基于深度学习的单元教学模式实践研究，即在人工智能技术、大数据支持下，把单元主题教学从原来的课堂延伸至个人学习空间，而使课堂变成一种动态的、交互的学习环境。课堂采用信息技术支持下的基于深度学习单元主题教学模式，即在个性化学习空间支持下，以微课为课程资源，以自主学习任务单为问题链开展单元主题学习，学生利用信息技术工具（编程软件或数字化工具）、科学原理、工程设计和数学方法解决生活和学习问题，培养核心素养。

二、教学理念

在信息技术课堂教学中，计算思维的培养一直是难题，尤其是人工智能课程：一方面，教学内容比较抽象、逻辑性极强，学生感到比较困难；另一方面，学生差异大，教师在讲授过程中注重灌输知识，并没有重视思维方式和方法的引导。本节课体现了信息技术支持下的基于深度学习单元主题教学理念，课堂借助"智学网大数据平台""广东省'双融双创'学习空间"

"人工智能学习平台"，实现了人工智能学习的翻转课堂：课前学生利用"广东省'双融双创'交流平台人工智能学习共同体微课平台"，课中利用自主学习任务单引导学生在人工智能平台和 Python 软件开展探究活动，发现人工智能原理并提出解决"人脸识别系统"的方案，为第二节课的项目开发奠定基础。课后利用智学网检验学生对人工智能原理的掌握情况。

三、教材与教学内容分析

本单元是选自高中信息技术的必修模块 1《数据与计算》和选择性必修中《人工智能初步》。《普通高中信息技术课程标准（2017 年版 2020 年修订）》对本单元的内容要求是：通过人工智能典型案例的剖析，了解智能信息处理的巨大进步和应用潜力，认识人工智能在信息社会中的重要作用。利用开源人工智能应用框架，搭建简单的人工智能应用模块，并能根据实际需要配置适当的环境、参数及自然交互方式等。

本单元将围绕"人脸识别"项目展开学习。人脸识别是人工智能在计算机视觉——图像识别的一项重要应用，本单元以人脸识别作为切入点来学习人工智能的相关知识。主要内容是围绕"人脸识别"项目展开学习，揭开人工智能的面纱，了解其核心技术及魅力。

单元学习围绕利用人工智能技术解决实际问题的过程展开，包括提出"人脸识别"系统存在问题、剖析原因设计方案、编程实现"人脸识别"项目和评价交流四个过程（见图 7 - 2）。

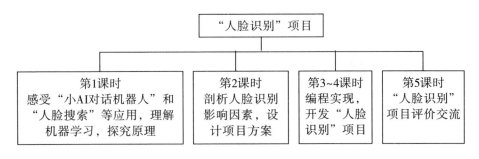

图 7 - 2

四、教学目标

1. 目标确定

围绕"人脸识别"这个单元学习主题，结合新课程标准的要求，制定了本单元课的学习目标：通过"人脸识别"案例的剖析，理解人工智能技术，感受人工智能的魅力。通过搭建简单的"人脸识别"应用模块，亲历设计与实现简单智能系统的基本过程与方法，增强利用智能技术服务人类发展的责任感。

2. 学习目标

（1）通过"人机博弈三盘棋"，了解人工智能的产生与发展，体会人工智能对社会发展的影响。（信息意识）

（2）通过体验"小 AI 对话机器人"和"人脸搜索"，了解人工智能技术，认识人工智能在信息社会中的重要作用。（数字化学习与创新）

（3）通过搭建"汽车识别模型"，理解机器学习的过程。（计算思维）

（4）通过"人脸识别"应用案例，理解人脸识别的原理与过程。（计算思维）

（5）通过搭建简单的"人脸识别"应用模块，亲历设计与实现简单智能系统的基本过程与方法，增强利用智能技术服务人类发展的责任感。（计算思维）

（6）通过讨论人工智能技术的应用及可能引发的问题和应对策略，提升信息安全意识和社会责任。（信息社会责任）

五、教学重难点

1. 教学重点

搭建简单的"人脸识别"应用模块，亲历设计与实现简单智能系统的基本过程与方法，增强利用智能技术服务人类发展的责任感。

2. 教学难点

搭建"汽车识别模型"，理解机器学习的过程。

六、学习者特征分析

高中的学生具有一定的思维能力和自主学习能力，在生活中接触过人工智能的一些应用，形成一定的经验，对人工智能有着深厚的兴趣，但对人工智能的概念、过程和应用没有系统和科学的认识，本单元从"人脸识别"这个点出发，让学生对人工智能有更深入的认识。课前学生通过"广东省'双融双创'交流平台人工智能学习共同体微课平台"，完成学习任务单，进行线上过关检测与疑问反馈。检测结果表明，学生已基本掌握了人工智能的相关概念。

七、教学环境、工具及资源准备

（1）Python 程序。
（2）广东省"双融双创"交流平台。
（3）科大讯飞的大数据平台智学网。

八、教学过程（第一课时）

第一课时教学过程如下（见表 7 - 1）。

表 7 - 1

学习步骤	起止时间	学生活动	教师活动	媒体资源设计意图
微课学习	课前完成	登录"广东省'双融双创'交流平台人工智能学习共同体微课平台"观看微课"人工智能概念""人工智能发展"并完成自主学习任务单	平板布置任务，检测自学效果，反馈学习疑问	利用"双融双创"平台学习微课引导自主学习，拓展学习空间并及时评价反馈

续上表

学习步骤	起止时间	学生活动	教师活动	媒体资源设计意图
问题激趣	05′00″—12′10″	体验："小 AI 对话机器人" 问题：阅读以下"人工智能技术应用"，思考"小 AI 对话机器人"属于人工智能哪方面的技术？日常生活中有什么应用？	总结人工智能的定义	利用科大讯飞的人工智能工具激发学生对人工智能探究的兴趣
任务探究	12′10″—18′40″	任务一： （1）打开"人脸搜索"功能网页。 （2）尝试把班主任或者某同学的人脸和班集体照片对比	提出问题： （1）"人脸搜索"属人工智能哪方面的技术？ （2）"人脸搜索"在日常生活中有哪些应用？	通过华为人工智能平台让学生在实践中感受人工智能魅力
	18′4″—24′20″	任务二： 文献探索：研究"人机博弈三盘棋"	提出问题： （1）三次人机博弈哪次比赛棋难度最大？ （2）第一盘棋"跳棋"人工智能技术在哪方面取得突破？ （3）第二盘棋"国际象棋"人工智能技术在哪方面取得突破？ （4）第三盘棋"围棋"人工智能技术在哪方面取得突破？	通过学习空间提供自主学习任务单引导学生探究人工智能发展
设计方案	24′20″—38′00″	任务三： 流程探索，理解"机器学习"过程：请搭建"汽车识别模型"，对比人类学习过程，用流程图总结"机器学习"过程	提出问题： （1）你如何教儿童认识三角形？ （2）你如何教机器认识汽车？	通过华为人工智能平台让学生在实践中掌握人工智能原理

续上表

学习步骤	起止时间	学生活动	教师活动	媒体资源设计意图
技术开发	38′00″— 42′00″	任务四： 编程实现：理解"机器学习"程序，根据人的特征（身高、胡子）数据如表1，自动判断所属性别	提出问题： （1）请尝试对测试点［172，0］进行预测。 （2）为提供预测正确率，我们如何完善机器学习过程？	自主学习单指导完成 Python 程序编写，实现人工智能原理的知识迁移和应用
展示反思	42′00″— 结尾	任务五（项目活动）：校园"人脸识别"系统存在问题的剖析	提出问题： （1）你曾经在什么场合使用"人脸识别"系统？ （2）请根据你的经验剖析"人脸识别"系统存在的问题	微课提供真实生活情景，引导学生发现问题，确定解决问题的方案
总结提升	46′00″— 结尾	反思总结	总结人工智能概念和原理	通过学习空间总结
课后拓展		完成智学网测试	测试反馈	全面了解学生完成情况

九、教学流程图

（一）课前学生自主学习流程

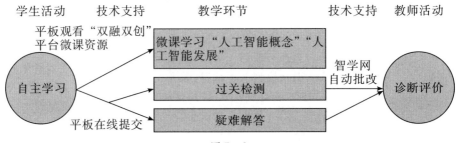

图 7 - 3

（二）课堂教学流程

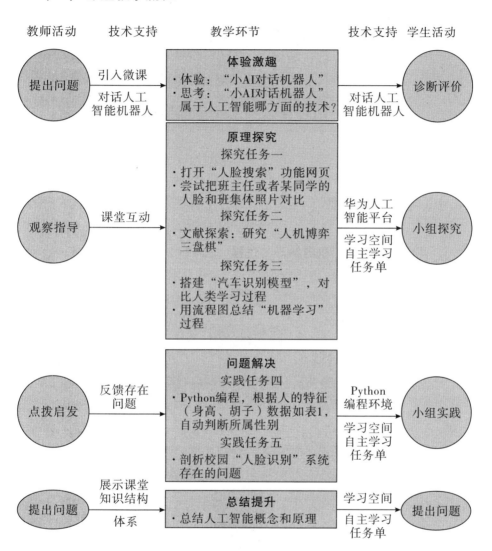

图 7−4

（三）课后诊断

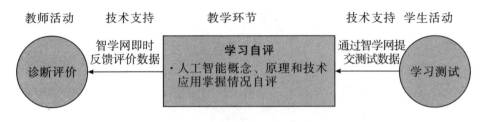

图 7-5

十、学习评价设计

1. 用流程图总结"机器学习"过程

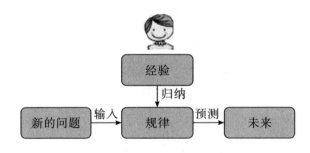

图 7-6 人类学习示意图

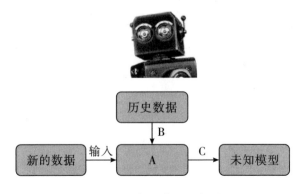

图 7-7 机器学习示意图

2. 智学网测试题

（1）下列应用中，没有体现人工智能技术的是（   ）。

①在 Word 中输入成语的某一错别字时，被自动更正

②购买奶茶时使用手机扫描二维码进行支付

③QQ 聊天时通过使用手写输入法输入文字

④机场测温终端快速对进出人员进行口罩佩戴侦测

⑤通过天猫精灵语音控制房内电子设备

A. ①③   B. ①②   C. ④⑤   D. ②④

（2）教学楼内安装的考勤系统使用了（   ）。

A. 语音识别技术   B. 智能代理技术

C. 虚拟现实技术   D. 模式识别技术

（3）智能技术与信息技术的融合，进一步扩展了信息技术的应用领域，实现了人们生活方式向智能化和信息化转变。以下不属于信息技术应用的是（   ）。

A. 利用转基因技术生产人工胰岛素

B. 汽车的感应启动、远程遥控启动和指纹启动等

C. AlphaGo 机器人挑战人类围棋高手

D. 智能手机中加入北斗芯片，实现实时定位功能

（4）利用计算机来模拟人类的某些思维活动，如模式识别、医疗诊断、机器证明等，这些应用属于（   ）应用。

A. 分布计算   B. 自动控制   C. 远程教育   D. 人工智能

十一、教学创新与亮点特色

1. 应用了信息技术支持下基于深度学习的单元主题教学模式

深度学习是培养学生核心素养的根本途径。活动与体验是指向深度学习的教学的根本特征。本节课利用信息技术支持学生活动与体验。课前，学生借助广东省"双融双创"平台"人工智能概念""人工智能发展"微课自主学习，并通过智学网完成过关测试。教师通过智学网统计数据了解学情。课中，提供丰富的微课资源和自主学习任务单引导学生开展人工智能深度学

习。课后，利用智学网即时收集和统计学生对人工智能概念、原理和技术应用掌握情况。

2. 利用人工智能工具和平台实现知识内容的可视化，凸显计算思维的培养

在信息技术课堂教学中，计算思维的培养一直是难题，尤其是人工智能课程：一方面，教学内容比较抽象、逻辑性极强，学生感到比较困难；另一方面，学生差异大，教师在讲授过程中注重灌输知识，并没有重视思维方式和方法的引导。本节课以"微课＋智能平台＋自主学习任务单"组织课堂教学，让学生在腾讯人工智能平台实践人脸识别，从班集体中识别班主任，感受人工智能魅力；引导学生在华为人工智能平台掌握机器学习过程，并运用 Python 完成机器学习程序编写。

3. 单元主题具有趣味性和引领性

本节课选用典型的人工智能信息系统——人脸识别在处理信息和解决问题的过程作为案例情境，引导学生深入了解人工智能技术，感受人工智能与社会各领域所带来的巨大变化。

十二、教学反思

1. 关键事件一：微课学习"人工智能概念""人工智能发展"

课前我们利用广东省"双融双创"交流平台（见图 7 - 8）为学生提供了

图 7 - 8

丰富的人工智能自主学习资源，同时教师利用科大讯飞的智学网检测学生掌握程度（见图7-9）。

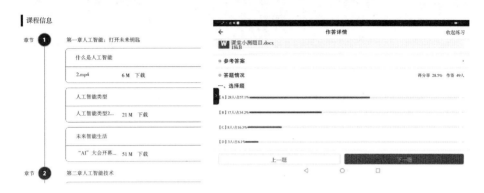

图7-9

2. 关键事件二：基于人工智能平台的人脸识别体验

学生通过腾讯人工智能平台尝试把班主任或者某同学的人脸和班集体照片进行对比（见图7-10）。

1.打开"人脸搜索"功能网页

2.尝试把班主任或者某同学的人脸和班集体照片对比

图7-10

3. 关键事件三：基于人工智能平台的机器学习探究

学生通过华为人工智能平台搭建"汽车识别模型"，对比人类学习过程用流程图总结"机器学习"过程（见图7-11）。

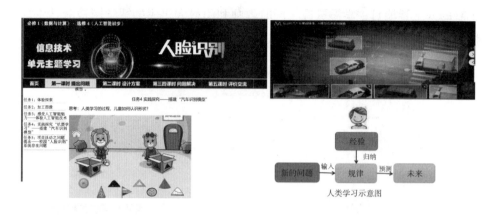

图 7 – 11

新技术的适用性思考：迁移与创造是深度学习的另一个特征，即运用所学知识综合实践，解决问题。人工智能平台、大数据和平板电脑相结合的技术，特别适用于信息技术支持下的深度学习开展，培养学生信息技术核心素养。一是通过学生课前微课学习与检测，教师能迅速了解学生探究学习前的基本知识与技能方法，并发现学生的疑难点，从而有针对性地开展课堂指导。二是学习空间中的自主学习任务单、微课资源等能为人工智能原理探究与实践过程构建多样化的数字资源形态，更好地呈现单元主题内容，为学生提供生动、直观、富有启发性的学习材料。三是通过人工智能平台实现人脸识别和机器学习原理等知识内容的可视化，引导学生参与到真实实践中，有助于学生对人工智能原理知识结构的理解，凸显计算思维的培养。

第四节　核心素养导向的人工智能智慧课堂案例分析

《探秘机器学习》智慧课堂教学案例

学校名称：广东华侨中学

执教教师：黄振南

所属学科：人工智能

教学对象：八年级学生

课程学时：1

一、案例设计背景与目的

2017 年 7 月，国务院印发《新一代人工智能发展规划》，明确指出人工智能成为国际竞争的新焦点，应逐步开展全民智能教育项目，在中小学阶段设置人工智能相关课程、逐步推广编程教育、建设人工智能学科，培养复合型人才，形成我国人工智能人才高地。

中学阶段，学生对人工智能学习的侧重点要从基础的体验逐步转入到深层原理的探究，而机器学习是使计算机具有智能的根本途径之一。本案例设计的目标在于以项目式学习的方式帮助学生理清机器学习的概念、相关要素以及特征，明确以机器学习技术为支撑的人工智能应用的开发流程。

二、教学理念

在人工智能的教学中，深层原理的探究一直是教学的难点。机器学习的知识点较为抽象，综合性强，课堂上若单纯地通过讲授的方法进行推进，学生的思维容易跟不上，进而丢失掉学习的兴趣。

本案例采用的是基于项目学习的"做中创"教学模式，以开发 AI 井字游戏为切入点，讲解机器学习在其中扮演的角色。项目选题趣味性十足，难度适中，学生可以在项目开发的过程中切实感受到机器学习的魅力。

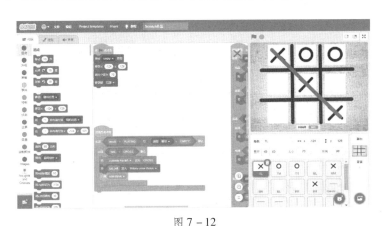

图 7 – 12

三、教材与教学内容分析

本案例选自经广东省中小学教材审定委员会审定通过的《人工智能》教材八年级上册，为基础课程结束后的拓展课程。

学生前期已接触过机器学习的应用，分别为七年级上册《人工智能的应用》中的胸部 CT 新冠肺炎智能影像评价系统，七年级下册《数据中的植物学家》中的鸢尾花分类模型，八年级上册《围棋高手》中的 AlphaGo。学生对机器学习有一定的了解，但缺乏系统的概念。基于学生上述的特征，机器学习的教学可以先用学生熟悉的案例进行导入，横向对比，纵向分析，得出机器学习的概念、相关要素以及特征，后续通过 AI 井字游戏的开发，明确以机器学习技术为支撑的人工智能应用的开发流程。

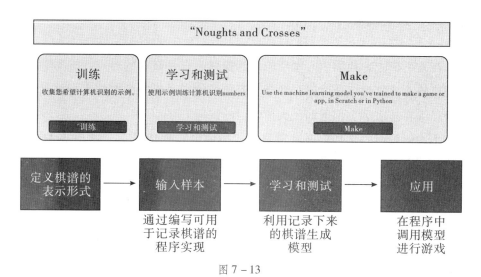

图 7 - 13

四、教学目标

（1）通过分析机器学习的相关应用，得出机器学习的概念以及相关要素。

（2）通过对比垃圾邮件过滤器的两种开发模式，得出机器学习的特征。

（3）通过开发 AI 井字游戏，明确以机器学习技术为支撑的人工智能应用的开发流程。

五、教学重难点

1. 教学重点

通过分析机器学习的相关应用，对比垃圾邮件过滤器的两种开发方式，得出机器学习的概念，相关要素以及特征。

2. 教学难点

引导学生完成 AI 井字游戏的开发，明确以机器学习技术为支撑的人工智能应用的开发流程。

六、学习者特征分析

本案例教学的对象为初二年级的学生，在初中阶段已有长达一年的人工智能学习经验，对人工智能的定义、人工智能的三大要素等基础知识均有一定程度的理解，学习过程中对人工智能各种应用分析的经历也令学生有了一定的学科素养。以上均为学生能够开展机器学习系统性学习的必要条件。

虽然教学对象能满足学习的基本要求，但教学过程中仍需要考虑到教学对象的年龄特征，思维特征，课堂需要满足知识性、实用性、基础性、趣味性相结合，采用基于项目学习的"做中创"教学模式。

七、智慧教学环境

（1）课室平板。

（2）学生电脑。

（3）儿童机器学习网站。

（4）Scratch 3.0 运行环境。

八、智慧教学过程

表 7-2

学习步骤	时间分配	学生活动	教师活动	媒体资源设计意图
问题提出	4 分钟	回顾三个曾经提到过的机器学习的场景（鸢尾花分类、胸部 CT 新冠肺炎智能影像评价系统、AlphaGo），思考三个案例中到底是什么使机器具有智能？	图文展示三个案例，帮助学生回忆起相关的知识。明确机器学习是使计算机具有智能的根本途径之一	帮助学生对知识进行回顾
定义明晰	8 分钟	横向对比三个机器学习的案例，结合自己学习的经历理解机器学习的概念以及相关要素	引导学生完成案例的横向对比，明确机器学习是指用某些算法指导计算机利用已知数据得出适当的模型，并利用此模型对新的情境给出判断的过程	融合交互的方式使学生理解知识点
方案设计	10 分钟	分别以传统的设计思路以及基于机器学习的设计思路完成垃圾邮件过滤器的设计，比较两个方案的优缺点，归纳出机器学习的特征	引导学生完成两款垃圾邮件过滤器的设计，对比得出：在数据量越来越多的时候，机器可以帮助我们筛选出有助于获得重大突破的有用信息	利于比较方案的异同

续上表

学习步骤	时间分配	学生活动	教师活动	媒体资源设计意图
学习体验	15分钟	登录儿童机器学习网站，完成AI井字游戏的"训练""学习和测试""应用"	指导学生完成体验过程，让学生直观地感受到机器学习的魅力	将抽象的知识具体化，体验中巩固机器学习的相关知识
总结提升	3分钟	梳理知识点，完成本课的学习	总结机器学习的概念，相关要素以及特征，明确以机器学习技术为支撑的人工智能应用的开发流程	梳理知识点

九、教学流程图/上课板书设计

（一）教学流程图

问题提出→定义明晰→方案设计→学习体验→总结提升

（二）板书设计

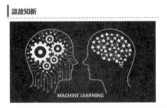

机器学习就是指用某些算法指导计算机利用已知数据得出适当的模型，并利用此模型对新的情境给出判断的过程。

机器学习是研究怎样使用计算机模拟或实现人类学习活动的科学。

图 7-14

十、学习评价设计

练习题：

（1）胸部 CT 新冠肺炎智能影像评价系统中"标注后的 CT 图像"属于人工智能三大要素中（　　）的范畴。

A. 数据　　　　B. 算法　　　　C. 计算力　　　　D. 模型

答案：A

（2）机器学习就是指用某些算法指导计算机利用_____得出_____，并利用此模型对_____给出判断的过程。

答案：已知数据；适当的模型；新的情境

十一、教学创新与亮点特色

选题来自于《人工智能》八年级（上），为基础课程结束后的拓展课程，教学过程层次分明，设计有问题提出、定义明晰、方案设计、学习体验、总结提升五个环节，结合 AI 井字游戏的案例，旨在真正做到在"创中学"，着力提高学生创新意识和实践能力。配合现代教具的使用，课堂效果较好。

十二、教学反思

人工智能研究的目的，是试图在机器上实现人类的智能，包括理解人类的思维规律和实现解决问题的能力。而它作为一门新的课程，无论是教师还是学生，都需要在课堂上不断学习，不断进步。

在本次《探秘机器学习》的课堂上，考虑到初二年级学生的实际情况，教学过程强调利用归纳推理的方法来帮助学生理清机器学习这一概念。在课堂实际进行的过程中，大部分同学均能较好地完成课堂任务，通过归纳推理、设计体验等方式掌握了与机器学习相关的知识。但在体验 AI 井字游戏的过程中，有部分同学反映网页偶尔会出现卡顿，应吸取经验教训，更加注意实验环境的设置。

第八章
核心素养导向的体艺学科类智慧课堂

体艺学科包括体育与健康、美术与音乐学科。体育与健康课程是一门以身体练习为主要手段，以体育与健康知识、技能和方法为主要学习内容，以培养高中学生的体育与健康学科核心素养和增进高中学生身心健康为主要目标的课程。美术课程根本任务是：立德树人，以美育人，培育健康审美观念，陶冶高尚情操；认识文明成果，坚定文化自信，树立正确的文化观；激发想象力和创造力，培养创新精神，促进学生全面而有个性地发展。音乐课程具有素质教育鲜明的大众性和普及性特点。

第一节　核心素养导向的体育智慧课堂构建

一、核心素养导向的体育智慧课堂特征分析

当代体育教育对中学生的体育核心素养的培养从以下三个维度着手，分别是：运动技能、健康行为和社会适应。运动技能层面要求学生掌握 1～3 项运动技能，例如游泳、羽毛球、短跑等；健康行为层面，则是要求学生通过在学习运动技能与知识的过程中更进一步体会体育运动所带来的正面影响，例如学会合理的膳食搭配，体会体育对自身情绪和心理状态的调节作用，学会规律作息、适当运动等；体育活动对人的意识形态的塑造是一个漫长而复杂的过程，它最终的表现就是人与他人的交往、人在社会中的交往。体育运动是一个既包含主观能动性、自主行为又包含与他人共同协作或共同竞争的活动，长期的体育活动对人的言语表达、思维方式、交往方式有着深远的影响。可以说，良好的体育活动与体育对人的社会适应的培养是相辅相

成，互相成就的。中学体育课堂，从过去的传统教学模式"教与学"逐渐转变到"学""练""赛"的多维组合模式，强调体育课堂要多运用"学会""常练""勤赛"的模式，将体育技能的学习与真实的体育竞技情景相结合。

（一）知识体系结构化

学科知识具有核心素养的价值和作用，是核心素养养成的重要载体。体育核心素养的基础便是运动技能的学习与掌握，中学阶段的体育技能学习又根据阶段具有不同的侧重目标。在义务教育阶段，学生的重心围绕体育中考展开，学习内容涉及跑类、跳类、投掷类、球类以及水上项目，通过 3 年的学习掌握 3~5 个小项目，并在学习的过程中体会体育所带来的正向影响。高中阶段，体育技能的学习往纵深方向发展，在初中阶段的基础上，重心围绕健康行为的养成和社会适应的需求而进行。对高中阶段学生提出掌握 2~3 个运动项目的要求，从而在学习过程中不断提升自身对体育所具有的延伸价值的认识。

（二）认知工具丰富化

基于体育核心素养的提出，体育课堂更加注重教学手段与教学方法多元化，力求激发学生对体育更多的理解与热爱。根据不同地域、不同文化差异、不同学校特色等条件，体育课堂的教学呈现出的是多种模式、多种组合的形式来完成课堂的学习。例如，可以对学生进行分组探究、进行班内竞赛以"赛"促学，以"赛"促练；可以引进多媒体，例如各种健身 APP 的跟练视频，提高学生的学习积极性；课堂的角色反转，让学生充当教师，去体会不同角色的转变等。

（三）健康行为具体化

知识转为素养的重要途径是情境。体育的健康行为通过不断的日常技能学习而逐渐形成。然而"健康行为"是一个总体概括的概念，必须要细化到具体的可量化的细节上，方能让学生更明确地了解什么是健康行为。从分类上看可以简要分为衣、食、行三大类。围绕以上三大点，基本可以囊括生活中大部分的运动行为，学生在学习的过程中便可以更好地辨别好与坏、优与劣，从而逐渐形成自己的健康行为。

（四）资源推送个性化

体育运动技能和健康行为的终极目标便是体育意识的终身化。然而终身体育意识的形成是一个极其漫长和复杂的过程，它需要学生不断地去学习技能、巩固技能、提升技能，并在与他人的交往中不断优化，从而形成终身体育的意识。

二、体育专项练习课的智慧课堂实施路径

体育中考作为中考一项重要组成内容，其对学生的身心发展健康有着不可替代的作用。近年来，我市体育中考内容更加多元化，考试标准难度逐年增加，总分占比越来越大，可见，体育教育的价值正在无限发挥着它的光热。初中学生学习压力日益加大，面临人生第一次的大考——中考，如何能让学生在有限的时间和空间内，提高他们在体育课堂的学习效率，如何让体育在课余时间发挥其应有的延伸效应，这便是本次智慧体育课堂研究的根本出发点。

基于智慧课堂的体育专项练习课教学流程（见图 8-1）包括六个阶段。

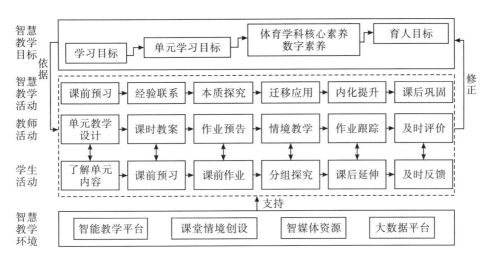

图 8-1　基于智慧课堂的体育专项练习课教学流程图

（一）课前预习阶段

课前会提前告知学生下节课或下个单元的学习内容，并利用"天天跳绳"APP进行课前体育任务布置。教师可在本APP上实时查看学生的体育任务完成情况，包括学生的课前体育任务完成度、动作的准确性等。

（二）经验联系阶段

在体育课堂中，教师通过一些体育道具，结合课堂所需要的练习内容设置一个和生活息息相关的情景模式，同时在课堂上亦可以借助运动APP的音频、视频等，让学生更直观地感受所学内容与生活的联系。

（三）本质探究阶段

体育的学习本质可以简要理解为建立或养成运动的意识与习惯。例如，跳绳作为体育中考的选考内容之一，很多学生只是把它作为考试来看待，却不知跳绳运动的更多其他的锻炼价值，因此主观能动性大打折扣，甚至有学生带有消极心态对待。因此本阶段，课堂上教师利用视频播放平台如哔哩哔哩、抖音，运动APP如"天天跳绳""Keep"等强化学生对某一运动技能的深层次理解。

（四）迁移应用阶段

在本阶段，学生对所学技能和知识已经建立了一个相对清晰的认知体系，此时在课堂上设置情景教学并进行分组探究，利用一个情景，让学生自主学会举一反三或者知识延伸，从而达到知识与技能的迁移运用。例如，学生已在课堂上了解并掌握了一些跳绳基本动作，如双脚跳、左右脚交替跳、高抬腿跳等，也了解到一些练习的方法，如一分钟中速跳、30秒高速跳等。但通过自我的学习感受与需求，可以自主进行更深层次的练习方案探究。

（五）内化提升阶段

本阶段，学生已经基本形成自主锻炼的意识和习惯，教师主要从课堂及课后两方面着手。课堂上，针对同一内容采取不同方式不同难度的练习手段，从而激发学生内在的主观能动性，体会不同练习内容的效果，从而提升他们练习的获得感，进一步提升相应的技能。同时，教师在课后对不同层次的学生推荐与之相匹配或者高一层级的练习视频、家庭作业，及时批改与评价，让学生第一时间获得反馈。

（六）课后巩固阶段

教师会在课后根据课堂效果进行体育作业的布置，主要是借助运动健身软件如"天天跳绳""Keep"等，同时也会分享一些跳绳竞赛、花式跳绳方法等视频或者链接给学生，在跟踪学生运动效果的同时更能延伸课堂学习的知识。

第二节　核心素养导向的美术智慧课堂构建

一、核心素养导向的美术智慧课堂特征分析

美术是人类为了生存所需，对现实状态进行自主改造或改变的一种独特思维方法的体现。培养学生的美术学科素养反映了未来社会发展的需求和期望，可以帮助学生明确未来的发展方向，更好地引导学生学习。美术核心素养主要包括图像识读、美术表现、审美判断、创意实践和文化理解五个方面，是教育方针所确定的德智体美劳全面发展的具体化和细化。面对传统美术课堂教学模式的不足，美术学科与智慧课堂的结合能够给学生带来更多有趣的学习方式和途径，同时也能更好地培养学生美术学科的核心素养，帮助学生建立人文底蕴、科学精神、学会学习、健康生活、责任担当、实践创新等六大中国学生发展核心素养。

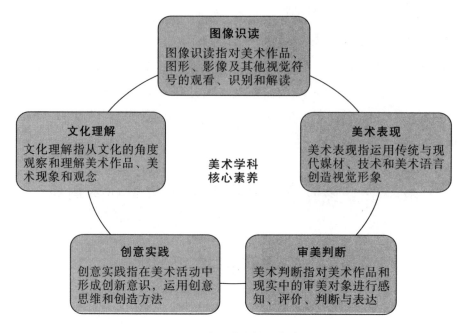

图 8-2 美术学科核心素养图

（一）知识体系最优化

掌握美术知识、技能是培养美术学科核心素养的重要基础。智慧课堂基于大数据的资源整合对知识进行分支、模块化的结构优化，学生从简单的美术知识浅层学习逐渐过渡到需要高阶思维参与的深层学习，有利于学生建立网状的美术学科认知结构，拓展认知的深度和广度，在学习过程中逐步形成美术学科思维。

（二）认知工具丰富化

掌握美术知识和技能只是静态的东西，只有在解决问题的动态运用中才能将其转化为美术学科的核心素养。而人工智能和大数据等智能信息技术促成的教育智能化服务平台能为学生提供情境创设的智慧学习环境。通过丰富的微课堂、图形图像、语音视频等多种媒体学习资源，学生能及时对知识、技能进行选择和获取，而打破时空的局限，实现自主学习，提高学习效率，提高学生对美术学科的问题解决能力。

（三）人机交互协同化

自主、合作、探究的学习活动是促成核心素养的关键途径，而智能的教学平台可向师生提供更精准的服务。教师通过平台发布学习任务，学生可通过平台完成资源搜集、学习、画图、交流、合作等任务，打破传统的美术课堂的局限，实现更优化的学习方式。

（四）资源推送个性化

教师通过智能平台对学生进行各方面评估，掌握每位学生的个性特征和需求，利用大数据和人工智能为每位学生制订个性化的美术学科学习计划，并对学生进行点对点的资源推送和指导，实现有针对性的教学，提高教学质量。

（五）评价反馈实时化

评价反馈在教学过程中对师生有着相互促进的作用，于教师而言，能够帮助教师了解学情、了解教学活动中学生的掌握情况，从而对教学活动做出调整；而于学生而言能够及时了解自己的学习情况，从而调整自己的学习方式和进度。智能平台能为教师和学生提供教学过程的即时反馈并形成数据，教师在课堂上利用调查问卷、投票、小测等功能对学生进行知识的检验，智能平台即时处理数据并做出反馈，教师根据数据对学生做出相应的评价反馈。实时化的评价反馈有利于提高课堂的教学效率。

（六）实践工具多元化

美术是一门综合性学科，涵盖了建筑、绘画、工艺、动画设计等多个领域，除了要学习理论知识，还有专业技能。教师可利用智能平台给学生提供技能学习，如动画制作、数位板应用等多种软件的技能培训，在教学过程中提高学生的审美之余，还有助于美术技能在生活中应用的实操性和设计思维的养成，激发学生的创造力、鉴赏力和审美意识，提升学生的美术学科素养。在人工智能技术支持下，归类与整合学生的美术作品发布在智慧平台，形成论坛社区、云艺术展示厅，给学生提供一个良好的展示平台。学生可在平台上发布自己的作品、学习其他优秀的作品，也可以评论作品。教师也可借此平台不断建立美术学科的资源，形成一个多功能的信息资源库。

二、初中美术智慧课堂实施路径

在新课标的指导下，基于美术核心素养的培养给教师的教学方式和学生学习方式带来了根本的转变。智慧课堂运用到美术学科中可以帮助教师在教学当中优化课程内容结构和提高课堂效率，学生在学习过程中提高综合素养，达到新课标的要求。那么如何利用智慧课堂帮助学生提高美术学科素养是本次初中美术智慧课堂研究的问题。

基于智慧课堂的初中美术课教学流程（见图8-3）包括六个阶段。

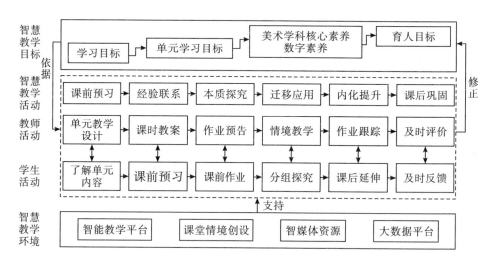

图8-3　基于智慧课堂的初中美术课教学流程图

（一）课前预习阶段

新授课前，教师让学生查找相关的资料或准备好要用的工具材料。如果要购买材料会提前跟家委沟通，提早预定材料。同时，利用智学网的平台发布预习任务到每一位学生账号上，让学生对预习的任务要求更清晰。

（二）经验联系阶段

为了激发学生的学习兴趣，美术课堂的设计会贴近生活背景，通过创设情境等活动让学生更自觉接纳美术知识，在解决问题时懂得利用美术知识和技能，从而转化为美术学科核心素养。例如：如何用手机拍人物照？如何制作电子节日贺卡？运用视频媒体、直播操作软件等方式的分享可以帮助学生更好地掌握美术知识与技能。鼓励学生完成作品后通过智学网平台反馈和分享作品，学会赏析、评价其他美术作品，思考自己的作品。

（三）　本质探究阶段

美术教育是为培养学生的人文精神、创新能力、审美品位和美术素养，加强美术学习活动的综合性、探究性、与生活的联系性，可以帮助学生在积极的情感中发展各方面的能力。例如：学习动漫设计主题时可以紧扣时事2022年世界杯的吉祥物设计，帮助学生了解吉祥物背后的历史文化、设计方法、表现手法等，课后的作业设计鼓励学生多找资料，尝试多种表现手法，不限于传统的绘画、平板手绘或手机指绘，加强学生在美术学习活动中综合素质的培养。

（四）　迁移应用阶段

学习迁移即一种学习对另一种学习的影响，它广泛地存在于知识、技能、态度和行为规范的学习中。当学生掌握一定的美术知识、技能、思维方法等，教师利用新的情境活动，引导学生在新的情境学习中运用，去分析新的问题和解决新的问题。例如，学生在人像摄影主题的课堂上掌握了人像光影应用、构图，手机照相功能的数据等；教师提出新的情境学习，如风景摄影、人像绘画等；学生可以通过前面的学习方法与技能，探究如何运用构图拍摄风景或者如何运用光影画人像。

（五）　内化提升阶段

古人云"授人以鱼，不如授人以渔"，如何帮助学生将知识内化于心、外化于行，教师在教学活动中需要考虑多个方面：课堂的情境活动设计贴近生活、利用多媒体演示和游戏互动提高课堂趣味性、给予学生充分的时间在课堂上思考与探讨问题、根据每位学生情况给予正面积极的作业评价反馈、制作优秀作品展在线上家长会上展示等都可以帮助学生的美术知识与技能的内化提升。

（六）　课后巩固阶段

课后的练习能够帮助学生更好地掌握美术课堂的知识和技能，教师会在智学网平台发布作业练习，并且分享相关的视频链接、图片等，学生可以反复多次观看，更好地完成练习。平时课堂也会多鼓励学生在生活中学会运用美术知识与技能，如果学生通过微信朋友圈等发布作品时，教师给予正面评价可以激发学生持续学习的兴趣以达到课后的练习巩固效果。

第三节　核心素养导向的体艺智慧课堂案例分析

《瞬间的表情》智慧课堂教学案例

授课主题：瞬间的表情

授课课时：一课时

授课年级：初二级

一、教学内容分析

本课程是源于八年级美术教材下册第三单元"光与影的交响曲"，与"明暗的造型"和"色彩的表现"为一个对光与影的学习系列。因此本课程基于素描和色彩的学习，教授拍照光影及构图原理基本知识的同时，赏析优秀的人像拍摄作品，以提高学生的鉴赏能力和拍照实操能力。

二、学情分析

本课授课对象为初二级学生，总体艺术素养属于中等，大部分学生有一定的绘画基础，但对摄影各方面不了解，平时也很少接触，很多学生也不具备拥有摄影机的条件。然而，随着手机的普及，很多学生都拥有自己的手机，平时生活上会拍摄一些照片，所以很多学生对摄影也会有一定的兴趣。

三、教学目标

1. 知识与技能

了解基本的人像拍摄的构图、光影处理等原理，掌握人像拍摄的基本操作。

2．**过程与方法**

通过直观演示、自主探究及实践操作的方法，引导学生熟练掌握本课的知识与技能。

3．**情感态度与价值观**

通过作品赏析感受摄影作品背后的人文情怀，在创作的过程中增进与家人、朋友的情感，培养学生学会发现生活中的美，提高生活情操。

四、教学重点

（1）人像拍摄的布光技巧与构图。

（2）场景选址与人物的情感表达。

五、教学难点

学会利用拍摄技能表达人物的情感。

六、教学工具

多媒体课件、手机、智学网平台。

七、教学过程

教学过程如下（见表 8 - 1）。

表 8 – 1

教学环节	教师活动	学生活动	设计意图
导入 启发	1. 赏析图片： 2. 提出问题： ※照片中的人物给你怎样的感觉？ ※你觉得他是一个什么身份的人呢？ 3. 导入课题： 《瞬间的表情》	观察照片并谈谈照片中人物的造型与年龄、场景、色彩等，表达自己的感受	通过观察照片，学会感受摄影作品，尝试理解作者的拍摄意图，并用语言表达自己的感想
课堂 发展	1. 观察不同光源下人像拍摄。 2. 提出问题： 你觉得哪张照片好看？为什么？ 3. 引出人像拍摄中九种不同的布光方式。 （教学视频观赏）	学生思考并讨论，结合自己的经验，表述自己的观点。	以视觉信息及问题创设情境，提高学生的学习兴趣，激发学生的探究欲望。

续上表

教学环节	教师活动	学生活动	设计意图
课堂 发展	4. 自主探究活动： 让学生尝试布光，互相观察面部的光源变化。 5. 赏析一系列不同场景的人像拍摄。 6. 利用智学网与 PPT 的功能结合游览云艺术展示厅。 7. 教师总结。 8. 布置作业： （1）利用今天所学的一种光源，选择一个场景进行人像拍摄/自拍，并发布到智学网。 （2）以上的教学视频均发布到智学网平台，供学生复习	学生自行尝试布光，观察在光影的影响下自己或同学的面部变化。 学生思考并讨论，结合自己的经验，表述自己的观点。 学生可通过智学网平台欣赏优秀的学生作品	通过布光实操与自主探究，掌握人像布光的基本技能。 帮助学生理解不同的人像拍摄的情感表达